VERLORENE GEHEIMNISSE DES BETENS

Die verborgene Kraft von Schönheit, Segen, Weisheit und Schmerz

EchnAton Verlag

Titel der Originalausgabe:
"SECRETS OF THE LOST MODE OF PRAYER"
Copyright © 2006 by Gregg Braden
Interior photos/illustrations:
Gregg Braden and www.photos.com
Originally published in 2006 by
Hay House Inc. USA

Aus dem Englischen von Nicole Iconomou-Orr
4. Auflage Dezember 2009

Deutsche Ausgabe: © EchnAton-Verlag Diana Schulz e.K.
Alle Rechte vorbehalten
Gesamtherstellung: Diana Schulz
Coverumsetzung: Raphaela C. Näger
Lektorat: Angelika Funk
Druck: AALEXX Buchproduktion GmbH
ISBN: 978-3-937883-20-5

Inhalt

Dieses Buch wurde für all jene Menschen
geschrieben, die sich nach Trost inmitten von
Angst und Ungewissheit auf der Welt sehnen.
Wenn sich die Verletzungen deines Lebens in
die tiefsten Schichten deiner Seele bohren, lade
ich dich ein, Zuflucht zu suchen in Schönheit
und Segen, in der verloren gegangenen Art
des Betens, und in Kontakt zu kommen mit
der tiefen Weisheit, die darin verborgen liegt.
Hier erhältst du Einblick ins Unerklärliche,
hier findest du die Kraft, die
dir einen neuen Tag eröffnet.

Einleitung

„IN UNS EXISTIEREN WUNDERSCHÖNE WIE AUCH WILDE KRÄFTE."

Mit diesen Worten beschreibt der Heilige Franziskus von Assisi das Mysterium und die Kraft, die jedem Mann, jeder Frau und jedem Kind, das in diese Welt geboren wird, innewohnen.

Der islamische Mystiker und Sufi Dschalal ad-Din ar-Rumi beschreibt die Größe dieser Kraft, indem er sie mit einem großen Ruder vergleicht, das uns im Wasser des Lebens vorantreibt. „Wenn du deine Seele mit diesem Ruder verbindest", erklärt er, „wird die Kraft, die das Universum erschaffen hat, deinen Körper nicht von außen betreten, sondern durch ein heiliges Königreich, das in deinem Inneren lebt."[1]

Mit der Sprache der Dichtkunst beschreibt sowohl Rumi als auch der Heilige Franziskus etwas, das über die Tatsächlichkeiten unseres normalen Alltags hinausgeht, etwas, das unsere Ahnen als stärkste Kraft im Universum bezeichneten: die Kraft, die uns mit dem Kosmos verbindet. Heute kennen wir diese Kraft als „Gebet". Weiter führt der Heilige Franziskus zum Gebet aus, dass das Ergebnis des Betens das Leben selbst ist. Das Gebet schenkt uns Leben, weil es die Erde und das Herz nährt.

Die Brücke zu unserer Vergangenheit

Wissen ist die Brücke, die uns mit allen Menschen verbindet, die jemals vor uns gelebt haben. Von Zivilisation zu Zivilisation, von Menschenleben zu Menschenleben leistet jeder mit seiner eigenen Geschichte einen Beitrag zur Entstehung der Geschichte des Kollektivs. Wie auch immer wir das Wissen aus der Vergangenheit bewahren, sind die Worte der Einzelgeschichten letztlich nicht mehr als bloße Informationen – und zwar bis zu dem Moment, in dem wir ihnen Sinn und Bedeutung verleihen. Durch die Art und Weise, wie wir das Wissen aus der Vergangenheit umsetzen, wird es zur Weisheit der Gegenwart.

Über tausende von Jahren beispielsweise bewahrten unsere Vorfahren das Wissen über das Gebet, die Gründe, weshalb es funktioniert, und die Art, wie wir es in unserem Leben anwenden können. In gewaltigen Tempeln und verborgenen Grabmälern, durch Sprache und Gebräuche, die in den letzten 5000 Jahren nahezu unverändert blieben, hielten unsere Ahnen das kraftvolle Wissen über das Beten am Leben. Das Geheimnis liegt jedoch nicht in den eigentlichen Worten eines Gebets. Ebenso wie ein Computerprogramm aus weit mehr als nur der Sprache besteht, in der es geschrieben wurde, müssen auch wir tiefer suchen, um mit der wahren Kraft in Berührung zu kommen, die uns erwartet, wenn wir beten.

Es ist möglicherweise genau diese Kraft, die der Mystiker George Gurdjieff als Ergebnis seiner lebenslangen Suche nach Wahrheit entdeckte. Nachdem er lange Jahre alten Hinweisen gefolgt war, die ihn von Tempeln in Dörfer und von Lehrer zu Lehrer geführt hatten, fand er sich schließlich in einem geheimen Kloster in den Bergen des Nahen Ostens wieder. Dort sprach ein großer Meister die beglückenden Worte, für die sich seine Suche gelohnt hatte: „Du kennst nun die Bedingungen, unter denen der Wunsch deines Herzens zur Wirklichkeit deines Daseins werden kann." Ich bin fest davon überzeugt, dass Beten einen Teil der Bedingungen ausmachte, die Gurdjieff entdeckt hat.

Um die „wunderschönen und wilden Kräfte" in uns, von denen der Heilige Franziskus spricht, zu entfesseln und die Bedingungen zu finden, unter denen der Wunsch unseres Herzens Wirklichkeit werden kann, müssen wir zunächst unsere Beziehung zu uns selbst erkennen und begreifen sowie unsere Beziehung zur Welt und zu Gott. Die alten Überlieferungen vermitteln uns das Wissen, das dazu erforderlich ist. In seinem Buch „Der Prophet" schreibt Khalil Gibran, dass es nicht möglich ist, etwas zu lernen, das wir bereits wissen. „Niemand kann euch etwas eröffnen, das nicht schon im Dämmern eures Wissens schlummert."

Es ist sehr einleuchtend, dass wir tief in unserem Inneren bereits die Kraft besitzen sollen, mit der Macht zu kommunizieren, die für unsere Existenz verantwortlich ist! Damit wir das jedoch auch tun können, müssen wir zunächst herausfinden, wer wir *wirklich* sind.

Die zwei universellen Fragen

Der Paläoanthropologe Louis Leakey wurde einst gefragt, warum seine Arbeit, die darin bestand, den ältesten Nachweis menschlicher Existenz zu finden, so wichtig sei. Er antwortete: „Ich bezweifle, dass wir uns jemals wirklich weiterentwickeln können, ohne zu verstehen, wer wir sind und woher wir kommen."

Ich denke, in Leakeys Worten liegt eine Menge Wahrheit, und zwar so viel, dass ich den Großteil meines Erwachsenenlebens damit beschäftigt war, danach zu suchen, wer wir sind und wie uns altes Wissen dabei helfen kann, bessere Menschen zu werden und eine intaktere Welt zu erschaffen. Außer in die Antarktis führte mich meine Suche nach dem Mysterium unserer Vergangenheit auf jeden Kontinent unseres Planeten. Von riesigen Städten wie Kairo und Bangkok über abgelegene Dörfer in Peru und Bolivien, von alten Klöstern im tibetischen Himalaja bis hin zu hinduistischen Tempeln in Nepal war in allen Kulturen, die ich kennenlernen durfte, ein Thema immanent: Die Menschen auf diesem Planeten haben genug von Leid und Ungewissheit, die ihr Leben im zwanzigsten Jahrhundert wesentlich bestimmt haben. Sie sehnen sich nach Frieden und der Aussicht auf eine bessere Zukunft.

So verschieden unsere Kulturen und Lebensweisen nach außen hin auch erscheinen mögen, im Inneren suchen wir doch alle nach ein und demselben: einem Land, das wir als unser Zuhause bezeichnen können, einer Möglichkeit, für unsere Familie sorgen zu können, und einer besseren Zukunft für uns und unsere Kinder. Parallel dazu gibt es zwei Fragen, die mir Menschen aller Kulturen immer wieder stellen, sei es direkt oder mithilfe eines Dolmetschers. Die erste lautet: „Was geschieht mit unserer Welt?" und die zweite: „Was können wir tun, um die Welt besser zu machen?" Die Antwort auf beide Fragen ist offenbar in dem einfachen Wissen zu finden, das die Gebetstraditionen unserer Zeit mit den ältesten und anerkanntesten spirituellen Überlieferungen der Vergangenheit verbindet.

Vor vierhundert Jahren wurden im Wüstenhochland des amerikanischen Südwestens die großen Hüter des Wissens der Navajo von der Erde, der Natur und den benachbarten Stämmen schweren Prüfungen unterzogen. Durch die Grenzen, die ihnen durch Dürre- und Hitzeperioden sowie Nahrungsknappheit immer wieder auferlegt wurden, erkannten die Navajo, dass sie die Kraft ihres inneren Schmerzes dazu nutzen mussten, um die rauen Bedingungen der Außenwelt ertragen zu können. Letztlich hing ihr Überleben davon ab, dass sie lernten, diese Erkenntnis umzusetzen. Sie erkannten nicht nur, dass die Prüfungen des Lebens sie in die Tiefen ihres größten Schmerzes führten, sondern auch, dass eben diese Prüfungen ihre größten Stärken hervorbrachten.

Der Schlüssel zum Überleben lag darin, in die Herausforderungen des Lebens einzutauchen, ohne sich im Erleben zu verlieren. Sie mussten eine Art Anker in ihrem Inneren finden – einen Glauben, der ihnen die innere Stärke verlieh, um die Prüfungen zu bestehen – und das Wissen, dass ein besserer Tag folgen würde. Aus dieser Position der Stärke heraus fanden sie das Vertrauen, Risiken einzugehen, ihr Leben zu ändern und ihre Welt sinnvoll zu gestalten.

Unser Leben heute unterscheidet sich möglicherweise nicht so sehr von dem dieser tapferen Menschen, die das Wüstenhochland des amerikanischen Südwestens bevölkerten, bevor die Vereinigten Staaten von

Amerika gegründet wurden. Obwohl sich die Schauplätze und Umstände verändert haben, befinden wir uns dennoch häufig in Situationen, in denen unser Glaube erschüttert, unsere absolute Schmerzgrenze ausgetestet wird und wir herausgefordert werden, über Dinge hinauszuwachsen, die uns zutiefst verletzen. In einer Welt, von der viele sagen, sie würde aus allen Nähten platzen, die gezeichnet ist von sinnlosen Akten der Hasses, unzähligen gescheiterten Beziehungen, zerrütteten Familien und Bedingungen, die das Überleben ganzer Gesellschaften bedrohen, besteht unsere Herausforderung darin, einen Weg zu finden, um jeden Tag in Frieden, mit Freude und dem Gefühl einer guten Ordnung zu leben.

Mit einer für sie typischen Eloquenz wird in den Überlieferungen der Navajo eine Lebenseinstellung beschrieben, die die Verantwortung für Glück oder Leid allein in unsere Hände legt. Sie kennen ein „Gebet der Schönheit", das sich in den verschiedenen Aufzeichnungen und Erzählungen in seinem genauen Wortlaut unterscheidet, wobei die Essenz des Gebetes jedoch in nur drei kurzen Sätzen liegt. Mit weniger als zwei Dutzend Worten übermitteln uns die Navajo-Ältesten tiefe, alte Weisheit. Sie erinnern uns an die Verbindung zwischen unserer inneren und äußeren Welt, die erst kürzlich von der modernen Wissenschaft bestätigt wurde.

Die dreigeteilte Überlieferung ermöglicht uns einen Einblick in unsere Fähigkeit zur Veränderung der Körperchemie und zur Einflussnahme auf viele Situationen in der Welt. Die Worte des Gebets sprechen in ihrer Einfachheit für sich. Die Navajo sagen: „Nizhonigoo bil iina." Das bedeutet in etwa so viel wie:

> Die Schönheit, mit der du lebst,
> die Schönheit, durch die du lebst,
> die Schönheit, auf die du dein Leben gründest.[2]

Mit den Worten eines längst vergessenen Autors schenkt uns die Einfachheit dieses Gebets neue Hoffnung, wenn alles andere gescheitert zu sein scheint. Doch das „Gebet der Schönheit" ist weit mehr als eine Folge von Wörtern. In seiner Einfachheit liegt der Schlüssel zur Lösung eines der größten Rätsel der Menschheit: Wie können wir mit den Schmerzen und Verletzungen, die uns das Leben zufügt, fortbestehen?

Anstatt uns auf die sichere Seite zu begeben und genau die Situationen zu meiden, die dem Leben einen Sinn verleihen, erlaubt uns die Kraft der Schönheit und des Betens, in das Erleben hineinzugehen mit der Gewissheit, dass jeder daraus resultierende Schmerz nur vorübergehend sein wird.

Im „Gebet der Schönheit" fanden die Navajo vor langer Zeit Stärke und Trost und eine Möglichkeit, mit dem Leid auf der Welt umzugehen. Welche Geheimnisse bewahrten Kulturen wie die Navajo des amerikanischen Südwestens, die Mönche und Nonnen in Tibet und andere in all der Zeit, in der sich der Großteil der übrigen Welt von der Beziehung zur Erde, der Menschen zueinander und der zu einer höheren Macht entfernt hat? Über welches alte Wissen, das uns heute helfen könnte, bessere Menschen zu werden und eine bessere Welt zu erschaffen, verfügten sie schon damals?

Schmerz, Segen, Schönheit und Gebet

Das alte Wissen unserer Ahnen vermittelt, wie wir unseren Gebeten um Heilung und Frieden wirkliche Kraft schenken können. In frühen Schriften der Gnostiker und Essener bis hin zur Kultur der nordamerikanischen Indianer werden Schmerz, Segen und Schönheit als Hauptaspekte für das Bestehen der wichtigsten Prüfungen beschrieben. Im Gebet finden wir eine Sprache, die uns erlaubt, die Lektionen aus unserem Erleben, unsere Erfahrungen, im Leben umzusetzen.

Aus dieser Perspektive betrachtet, sind die Begriffe „Weisheit" und „Schmerz" zwei Extreme, die in derselben Erfahrung wurzeln. Sie stellen den Beginn und die Vollendung ein und desselben Zyklus dar. Schmerz ist eines unserer grundlegendsten Gefühle, unsere natürliche Reaktion auf Verlust, Enttäuschung oder die Nachricht von etwas, das unsere Gefühlswelt erschüttert. Weisheit ist der geheilte Ausdruck unseres Schmerzes. Wir verwandeln Schmerz in Weisheit, indem wir neuen Sinn in schmerzlichen Erfahrungen erkennen. Segen, Schönheit und Gebet sind die Werkzeuge für die Veränderung.

Der christliche Visionär des zwanzigsten Jahrhunderts Reverend Samuel Shoemaker beschrieb die Kraft des Gebets, Änderungen herbeizuführen, in einem einzigen poetisch anmutenden und geradezu erschreckend einfachen Satz: „Das Gebet mag vielleicht die Dinge für dich nicht ändern, aber es verändert sehr wohl dich in Bezug auf die Dinge!"

Obgleich wir das Rad der Zeit nicht zurückdrehen können, um den Auslöser für unseren Schmerz ungeschehen zu machen, so haben wir dennoch die Möglichkeit, zu verändern, was der Verlust geliebter Menschen, die Erschütterung bei gebrochenen Versprechungen und die Enttäuschungen des Lebens in uns bewirken. Wir eröffnen uns damit den Zugang zu einer heilsamen Auflösung unserer schmerzlichsten Erinnerungen. Wenn wir die Beziehung zwischen Weisheit und Schmerz nicht kennen, kann uns das Ertragen von Schmerz sinnlos erscheinen, mitunter sogar grausam, und das Schmerzerleben kann lange andauern, da der Schmerzzyklus nicht begrenzt ist. Wie aber sollen wir uns so weit von den Verletzungen unseres Lebens distanzieren, dass wir die Weisheit hinter unseren Erfahrungen entdecken können?

Wenn wir beispielsweise durch einen Verlust, Vertrauensbruch, Betrug oder Verrat, der uns noch bis vor einem Augenblick unmöglich erschien, erschüttert werden, wie sollen wir dann Zuflucht vor den eigenen Gefühlen finden, um anders – positiver – empfinden zu können? An dieser Stelle kommt die Kraft des Segens ins Spiel.

Segen ist die Erlösung

„Segen" ist ein altes Geheimnis, das uns so weit von Schmerz befreit, dass wir ihn durch ein anderes Gefühl ersetzen können. Wenn wir die Menschen oder Dinge, die uns verletzt haben, segnen können, erreichen wir eine vorübergehende Unterbrechung des Schmerzzyklus. Dabei spielt es keine Rolle, ob diese Unterbrechung eine Nanosekunde oder einen ganzen Tag andauert. Unabhängig von der Dauer setzt das Segnen einen Prozess der Heilung und des Fortschreitens im Leben in Gang. Der Schlüssel liegt darin, dass wir für einen bestimmten Zeitraum von unserem Schmerz befreit werden, und zwar lange genug, um Platz für etwas anderes in unserem Herzen und in unseren Gedanken entstehen zu lassen. Dieses andere ist die Kraft der „Schönheit".

Schönheit ermöglicht den Wandel

Durch die ältesten und heiligsten Traditionen werden wir daran erinnert, dass Schönheit in allen Dingen existiert, und zwar unabhängig davon, wie wir sie in unserem täglichen Leben auslegen.

Schönheit ist immer um uns und stets präsent. Wenn wir unser Umfeld verändern, neue Beziehungen eingehen und an neue Orte ziehen, um unsere sich stetig verändernden Vorstellungen von Ausgleich und Harmonie zu befriedigen, sind die Pfeiler, auf die sich die dazugehörige Schönheit gründet, bereits vorhanden.

Schönheit ist zum einen die bloße positive Beurteilung für Dinge, die unser Auge erfreuen, zum anderen wird Schönheit von weisen Kulturen als eine Erfahrung beschrieben, die unser Herz, unseren Verstand und unsere Seele berührt. Durch unsere Fähigkeit, Schönheit selbst in den „hässlichsten" Momenten des Lebens wahrzunehmen, können wir eine Ebene erreichen, die es uns ermöglicht, unserem Schmerz eine neue Bedeutung beizumessen. Auf diese Weise wird Schönheit zu einem Auslöser, der uns eine neue

Perspektive eröffnet. Es ist jedoch wichtig zu wissen, dass wir sie nur durch unsere Aufmerksamkeit zum Leben erwecken. Schönheit wird nur dann lebendig, wenn wir sie in unser Leben einladen.

Die verlorene Art des Betens

Wir werden konfrontiert mit Erlebnissen, die die Mauern unserer Empfindsamkeit erschüttern und uns als rationale und liebende Geschöpfe an die Grenze des Erträglichen bringen. Wie sollen wir angesichts von Krieg und Völkermord außerhalb unserer Landesgrenzen, aber auch angesichts der Differenzen und des Hasses in unserer eigenen Gemeinschaft, ein Gefühl von Frieden und Heilung empfinden können? Wir müssen eindeutig einen Weg finden, um den Kreislauf von Schmerz, Leid, Wut und Hass zu durchbrechen, wenn wir die Grenzen der Bedingungen, die unser Leben prägen, überschreiten wollen.

In der Sprache ihrer Zeit haben uns die alten Kulturen genaue Anweisungen hinterlassen, wie wir genau das erreichen können. Sie vermitteln uns in den Überlieferungen, dass unser Leben nicht mehr und nicht weniger ist als ein Spiegel dessen, was sich in unserem Inneren abspielt.

Der Schlüssel, um unser Dasein entweder als Schönheit oder als Schmerz zu erleben, liegt einzig und allein in unserer Fähigkeit, selbst zu diesen Qualitäten zu werden, und zwar in jedem Augenblick eines jeden Tages. Immer mehr wissenschaftliche Beweise untermauern die Glaubwürdigkeit und Zuverlässigkeit dieses alten und tiefen Wissens und auch die bedeutende Rolle, die jeder von uns als Beitrag zu Heilung oder Leid in unserer Welt spielt.

Im ausklingenden 20. Jahrhundert bekräftigten Experimente, dass wir von einem Energiefeld durchflutet sind, das uns mit allen Ereignissen auf der Welt verbindet und unter anderem als Quantenhologramm oder Geist Gottes bezeichnet wird. Die Forschung hat gezeigt, dass die Gebete und Überzeugungen in unserem Inneren durch diese spezifische Energie in die Außenwelt getragen werden. Sowohl die Wissenschaft als auch die alten Kulturen behaupten dasselbe: Wir müssen die Umstände, die wir in der Außenwelt erleben wollen, zunächst selbst verkörpern. Wir finden die Anweisungen zu einer verlorenen Art des Betens, die uns bei der Umsetzung dieser Forderung hilft, verborgen an den abgelegensten und entferntesten Orten auf dieser Welt.

Im Frühjahr 1998 hatte ich die Ehre, eine 22-tägige Pilgerfahrt durch die Klöster Zentraltibets zu leiten auf der Suche nach Hinweisen auf eine alte und vergessene Art des Betens – die Sprache für die Kommunikation mit dem besagten Feld, das alles miteinander verbindet. Die Mönche und Nonnen, die dort lebten, gaben mir die

Anweisungen für eine Art des Betens, die der westlichen Welt bereits im 4. Jahrhundert aufgrund frühchristlicher Bibelauslegungen größtenteils verloren gegangen war.[3] Diese „verlorene" Art des Betens wurde über Jahrhunderte in den Texten und Traditionen der Bewohner des „Daches der Welt" bewahrt. Sie bedient sich keiner Worte und basiert auch auf keinem sonstigen äußeren Ausdruck, sondern einzig auf Gefühl und Empfindungen.

Genauer gesagt, lädt sie uns ein, so zu empfinden, als sei unser Gebet bereits erhört worden, anstatt uns machtlos und von der Hilfe einer höheren Macht abhängig zu fühlen. Neueste Studien belegen, dass es tatsächlich diese Qualität des Fühlens ist, die das besagte Feld „anspricht", das uns mit der gesamten Welt verbindet. Durch Gebete des Fühlens werden wir dazu befähigt, uns aktiv an der Heilung unseres Lebens und unserer Beziehungen sowie an der Heilung unseres Körpers und der Welt zu beteiligen.

Sein wie Engel ...

Um diese Art des Betens anwenden zu können, muss man die verborgene Kraft von Schönheit, Segen, Weisheit und Schmerz erkennen. Jede dieser vier Komponenten spielt eine wichtige Rolle als Teil eines größeren Zyklus, der es uns erlaubt, die tiefsten Verletzungen

XXI

unseres Lebens zu fühlen, kennenzulernen, loszulassen und schließlich zu transzendieren. Ein unbenanntes Schriftstück, das vor nahezu 2000 Jahren über die Lehren Jesu berichtet, besagt, dass die Macht, sowohl unsere Welt als auch jegliche Hindernisse, die zwischen uns und dieser Macht stehen, zu verändern, in uns selbst liegt: „Die größte Schwierigkeit für Menschen besteht darin, wie Engel zu denken ... und auch, wie Engel zu handeln."[4]

Das Gebet ist die Sprache Gottes und der Engel. Es ist auch die Sprache, die uns geschenkt wurde, um die Leiden des Lebens durch Weisheit, Schönheit und Gnade zu heilen. Ob wir heute aus dem Internet über die Kraft des Gebets erfahren oder aus einer Pergamentrolle des ersten Jahrhunderts, die Botschaft bleibt dieselbe. Zu akzeptieren, dass wir die Fähigkeit besitzen, eine solch universelle Sprache anzuwenden, mag sich als die größte Herausforderung unseres Lebens herausstellen. Gleichzeitig ist es aber die Quelle unserer stärksten Kraft. Wenn wir uns sicher sind, die Sprache des fühlenden Gebets bereits zu beherrschen, erwecken wir jenen Teil in uns, der uns nie mehr genommen werden kann, den wir niemals verlieren. Dies ist das Geheimnis der verlorenen Art des Betens.

- Gregg Braden
Taos, New Mexico

Erstes Kapitel

Erstes Kapitel

DAS ERSTE GEHEIMNIS:

DIE VERLORENE ART DES BETENS

„Dieselbe Macht, die sowohl unvorstellbare Pracht
wie auch unvorstellbares Grauen hervorgebracht hat,
wohnt in unserem Inneren
und wird all unsere Befehle befolgen."

- Heilige Katharina von Siena

ES GIBT ETWAS „DA DRAUSSEN". AUSSERHALB UNSERER ALLTAGSWAHRNEHMUNG GIBT ES EINE EXISTENZ ODER MACHT, DIE ZUGLEICH MYSTERIÖS UND TRÖSTLICH IST. WIR SPRECHEN ÜBER SIE, WIR SPÜREN SIE. WIR GLAUBEN AN SIE UND BETEN ZU IHR, VIELLEICHT SOGAR OHNE ZU VERSTEHEN, WAS GENAU SIE IST!

Alte Traditionen gaben ihr die unterschiedlichsten Namen, von „Netz der Schöpfung" bis hin zu „Geist Gottes", und wussten, dass diese Wesenheit existiert. Und sie konnten sie auch in ihrem Leben anwenden. In der Sprache ihrer Zeit hinterließen sie ihren Nachkommen genaue Anweisungen, die besagen, wie man diese unsichtbare Kraft einsetzt, um seinen Körper und seine Beziehungen zu heilen und Frieden in die Welt zu bringen. Heute wissen wir, dass alle drei Anliegen in der „verlorenen" Art des Betens vereint sind.

Im Gegensatz zu traditionellen Gebeten, derer wir uns in der Vergangenheit bedient haben, bedient sich diese Gebetstechnik jedoch keiner Worte. Ihre Wurzel ist die stille Sprache menschlichen Gefühls. Sie fordert uns auf, tiefe Dankbarkeit zu empfinden, so, *als ob unsere Gebete schon erhört worden wären*. Durch diese Qualität des Fühlens, so glaubten unsere Ahnen, erhalten wir direkten Zugriff auf die Kraft der Schöpfung, den Geist Gottes.

Im 20. Jahrhundert hat die moderne Wissenschaft den Geist Gottes nun offenbar als ein Energiefeld wiederentdeckt, das sich von jeder anderen Energieform unterscheidet. Es scheint immer und überall präsent zu sein und seit Anbeginn der Zeit existiert zu haben. Max Planck, der Vater der Quantenphysik, behauptete, dass das Vorhandensein dieses Feldes nahelegt, dass eine hohe Form von Intelligenz für unsere physische Welt verantwortlich ist. „Wir vermuten einen bewussten und intelligenten Geist hinter dieser Kraft", sagt er und erklärt mit einfachen Worten, dass dieser Geist die Matrix einer jeden Existenz ist. Zeitgenössische Studien, die ihn als Feld der Einheit bezeichnen, zeigen, dass Plancks Matrix tatsächlich Intelligenz besitzt. Es ist genau, wie die Alten sagten: Das Feld reagiert auf menschliche Gefühle!

Unabhängig davon, wie wir es bezeichnen oder wie Wissenschaft und Religion es definieren, steht fest, dass „da draußen" etwas ist – eine Kraft, ein Feld, eine Existenz – ein großer Magnet, der uns permanent zueinander hinzieht und mit einer höheren Macht verbindet. Da wir wissen, dass diese Kraft existiert, wäre es sinnvoll, mit ihr auf eine Weise zu kommunizieren, die für unser Leben wichtig und nützlich ist. Letztlich müssen wir auch erkennen, dass dieselbe Kraft, die unsere tiefsten Verletzungen heilt und Frieden zwischen den Völkern schafft, auch den Schlüssel zu unserem Überleben als Spezies bereithält.

Bei dem im Jahr 2000 durchgeführten weltweiten Zensus soll es sich um die geschichtlich bislang genaueste Erhebung von Bevölkerungsdaten handeln. Zu den umfassenden Angaben, die diese Erhebung über unsere weltweite Familie enthüllt, gehört das beinahe universelle Gefühl der Menschen, dass wir zu einem bestimmten Zweck hier sind - und dass wir nicht alleine sind. Mehr als 95 Prozent der Weltbevölkerung glauben an die Existenz einer höheren Macht. Über die Hälfte davon

nennt diese Macht „Gott". Die Frage ist also weniger, ob es „da draußen" etwas gibt, sondern viel eher, was dieses „Etwas" für unser Leben bedeuten könnte. Wie können wir mit dieser höheren Macht sprechen, an die so viele von uns glauben?

Dieselben Kulturen, die vor tausenden von Jahren die Geheimnisse der Natur beschrieben, beantworteten auch diese Frage. Wie zu erwarten war, ist die Sprache, die uns mit Gott verbindet, in einem Erleben zu finden, das allen Menschen gemein ist, nämlich dem Erleben unserer Gefühle und Emotionen. Wenn wir unsere Aufmerksamkeit auf die Qualität eines bestimmten Gefühls in unserem Herzen lenken, wenden wir tatsächlich die Art des Betens an, die nach der Veröffentlichung der Bibel durch die Christliche Kirche im 4. Jahrhundert größtenteils in Vergessenheit geraten ist. Um Gefühl als Gebetssprache verwenden zu können, müssen wir lediglich verstehen, wie Beten funktioniert. An den abgelegensten und verborgensten heiligen Orten, die es noch auf der Erde gibt, und insbesondere dort, wo die Einflüsse der modernen Zivilisation am geringsten sind, findet man einige der am besten erhaltenen Beispiele, wie man mit der Wesenheit spricht, an deren Existenz 95 Prozent der Menschen glauben.

Fühlen ist Beten

Alles, was ich eben gehört hatte, brachte mich sehr durcheinander. Die Kälte des Steinbodens, auf dem ich kniete, drang durch die zwei feuchten Schichten der Kleidung, die ich an diesem Morgen trug. Jeder Tag im tibetischen Hochland ist zugleich Sommer und Winter – Sommer in der Wärme der Sonne in dieser großen Höhe und Winter, wenn sich die Sonne hinter den zerklüfteten Gipfeln des Himalaja oder hinter den hohen Mauern des Tempels, die mich umgaben, zurückzog. Es fühlte sich an, als sei nichts zwischen meiner Haut und den alten Steinen auf dem Boden unter mir, und dennoch konnte ich nicht fortgehen. Das hier war der Grund, weswegen ich zwanzig andere Menschen eingeladen hatte, mich auf eine Reise zu begleiten, die uns um die halbe Welt führte. An diesem Tag befanden wir uns an einer der abgelegensten, einsamsten, großartigsten und heiligsten Stätten alten Wissens, die es noch auf dieser Welt gibt: den Klöstern des tibetanischen Hochlandes.

14 Tage lang hatten wir uns körperlich an eine Höhe von über 4800 Meter akklimatisiert. Wir hatten einen eisigen Fluss in handgefertigten Holzkähnen überquert und uns über den Mundschutz hinweg gegenseitig beäugt, den wir während der stundenlangen Fahrt als Filter gegen den Staub trugen, der durch die Bodenbretter des uralten chinesischen Busses einströmte. Obwohl der Bus aussah, als wäre er ebenso alt wie die Tempel,

versicherte mir der Dolmetscher, dass dies nicht der Fall sei. Wir hielten uns an den Sitzen fest, sogar aneinander, und wurden in dieser abenteuerlichen Fahrt über halb fortgerissene Brücken und eine fahrbahnlose Wüste von oben bis unten durchgeschüttelt, und das nur, um zum richtigen Zeitpunkt an diesem besonderen Ort zu sein. Ich dachte mir: *„Heute geht es nicht darum, dass es uns warm ist. Heute ist der Tag der Antworten."*

Ich lenkte meine gesamte Aufmerksamkeit auf die Augen des schönen, alterslos wirkenden Mannes, der im Lotussitz vor mir saß. Er war der Abt des Klosters. Über unseren Dolmetscher hatte ich ihm dieselbe Frage gestellt wie allen Mönchen und Nonnen, die wir auf unserer Pilgerreise trafen: „Wenn ihr betet, was *tut* ihr dabei? Wenn wir euch über 14 oder 16 Stunden tönen und chanten hören, dann sehen wir zwar auch die Glocken, die Klangschalen, die Gongs, die Glockenspiele, die Mudren und Mantren, aber *was geschieht da in eurem Inneren?"*

Während der Dolmetscher mir die Antwort des Abtes übermittelte, durchflutete ein kraftvolles Gefühl meinen Körper, und ich wusste, dass dies der Grund war, aus dem wir an diesen Ort gekommen waren. „Du hast unser Gebete nie gesehen", antwortete er, „weil ein Gebet niemals gesehen werden kann." Der Abt schob sich die schwere Wollrobe zwischen seinen Beinen zurecht und fuhr fort. „Was ihr gesehen habt, ist nur das, was wir tun, um das Gefühl in unseren Körpern zu erzeugen. *Fühlen ist Beten!*" Die Klarheit dieser Antwort brachte mich ins Wanken. Die Worte des Abts gaben die Gedanken wieder, die von alten gnostischen und christlichen Traditionen vor über 2.000 Jahren niedergeschrieben worden waren.

In frühen Übersetzungen des Johannesevangeliums (beispielsweise in Kapitel 16, Vers 24) werden wir aufgefordert, unsere Gebete dadurch zu verstärken, dass wir ein Gefühl in uns entstehen lassen, als ob unsere Wünsche bereits wahr geworden wären, genauso wie es auch der Abt beschrieb: „Bittet ohne hintergründige Motive und *seid umgeben von eurer Antwort.*" Damit unsere Gebete erhört werden, müssen wir die Zweifel transzendieren, die häufig das positive Wesen unserer Wünsche begleiten. Durch die Worte Jesu, die in der Nag-Hammadi-Bibliothek als Aufzeichnung eines kurzen Diskurses über die Überwindung solcher Polaritäten zu finden sind, werden wir darin bestärkt, diese Polaritäten zu überwinden, uns vor den Berg zu stellen und zu sagen: „Berg, weiche zurück!" Dann wird der Berg auch zurückweichen.[2]

Wenn dieses alte Wissen über einen so unendlich langen Zeitraum Bestand gehabt hat, muss es auch für uns anwendbar sein, selbst in der heutigen Zeit! Sowohl der Abt als auch die Pergamentrollen beschreiben mit fast denselben Worten eine Art des Betens, die in der westlichen Welt überwiegend in Vergessenheit geraten ist.

THE

NEW TESTAMENT

OF OUR

LORD AND SAVIOUR JESUS CHRIST

TRANSLATED OUT OF

THE O

T H E

THE FORMER

A M

[Pearl 32

Heilige Lektionen aus der Vergangenheit

Das Beten gehört möglicherweise zu den ältesten und mystischsten Erfahrungen des Menschen – und auch zu den persönlichsten. Sogar bevor das Wort „Gebet" in den spirituellen Praktiken auftauchte, wurden bereits in den frühen Aufzeichnungen der christlichen und gnostischen Traditionen Worte wie „Kommunion" zur Beschreibung unserer Fähigkeit, mit den unsichtbaren Mächten des Universums zu sprechen, verwendet. Beten ist für jeden eine einzigartige und individuelle Erfahrung. Schätzungen zufolge gibt es fast ebenso viele Arten des Betens wie betende Menschen!

Gebetsforscher unserer Zeit haben vier übergeordnete Kategorien von Gebeten festgelegt, von denen man annimmt, dass sie sämtliche Arten des Betens umfassen: 1) Umgangssprachliche oder formlose Gebete, 2) Bittende Gebete, 3) Rituelle Gebete, 4) Meditative Gebete.[3] Die Reihenfolge dieser Aufzählung ist willkürlich. Die Forscher gehen davon aus, dass wir uns beim Beten einer dieser vier Gebetsarten oder einer Kombination daraus bedienen.

So gut diese These sein mag, und so gut jede dieser Gebetsarten zu funktionieren scheint, gab es dennoch schon immer eine andere Art des Betens, die sich nicht in die oben erwähnte Liste eingliedern lässt. Diese fünfte Art des Betens, die „verlorene Art", ist eine Gebetsart, die rein auf Fühlen basiert. Grundlage dieser Art des

Betens ist nicht wie oftmals die Hilflosigkeit, die uns veranlasst, eine höhere Macht um Beistand zu bitten, sondern der Ansatzpunkt dieser Gebetsart ist unsere Fähigkeit, mit der Macht zu kommunizieren, an die 95 Prozent der Menschheit glauben. Darüber hinaus sind wir hierbei selbst aktiv am gewünschten Ergebnis beteiligt.

Diese Art des Betens bedarf keiner Worte, keiner speziellen Haltung der Hände, keines sonstigen körper-lichen Ausdrucks, sondern einzig eines klaren und kraftvollen Gefühls, als ob unsere Gebete bereits erhört worden wären. Durch diese nicht greifbare „Sprache" sind wir beteiligt an der Heilung unseres Körpers, an der Fülle, die unseren Freunden und unserer Familie zuteil wird, sowie auch am Frieden unter den Völkern.

Manchmal sehen wir Hinweise auf diese Art des Betens, mitunter ohne zu erkennen, was uns da gezeigt wird. Im amerikanischen Südwesten beispielsweise wurden alte steinerne Konstruktionen von ihren Erbauern in der Wüste als „Kapellen" errichtet: heilige Orte, an denen man beten und sein Wissen mit anderen teilen konnte. Diese absolut kreisförmigen Gebilde, manche davon tief in der Erde, waren als „Kivas" bekannt. An den Wänden mancher Kivas findet man eingravierte und eingemeißelte Hinweise darauf, wie die verlorene Art des Betens in den Traditionen der Ureinwohner praktiziert wurde. In einigen wieder auf-gebauten Kivas in der Gegend von Four Corners finden

sich Überreste des Lehmputzes, der die Steinkon-
struktion vor langer Zeit bedeckt hatte. In den irdenen
Putz eingraviert sind noch schwach die Bilder von
Regenwolken und Blitzen über üppigen Maisfeldern zu
erkennen. Anderenorts zeigen die Wandbilder Umrisse
von Tieren, die wie Elche und Hirsche anmuten, die in
großer Vielzahl in den Tälern lebten. Auf diese Weise
zeichneten die frühen Künstler das Geheimnis der
verlorenen Art des Betens auf.

An den Orten, an denen gebetet wurde, umgaben
sich die Menschen während des Betens mit Bildern der
Dinge, die sie erleben und erfahren wollten! Ähnlich den
Darstellungen von Wundern und Wiederauferstehung,
die wir heute in Kirchen oder Tempeln sehen, inspirierten
die Bilder die Betenden mit dem Gefühl, dass ihre Gebete
erhört worden waren. Für sie war Beten ein Ganzkörper-
erleben, in das alle Sinne einbezogen waren.

„Regen beten"

Jegliche Unsicherheit, die ich dahingehend hatte,
wie dieses Prinzip funktioniert, wurden an einem Tag in
den frühen 1990er Jahren beseitigt. Es war während einer
extremen Dürreperiode im Wüstenhochland des nördlichen New Mexico, als mich mein indianischer Freund
David (Name geändert) zu einem uralten Steinkreis
mitnahm, um „Regen zu beten". Nachdem wir uns an

einem vereinbarten Ort getroffen hatten, folgte ich ihm auf der frühmorgendlichen Wanderung durch ein Tal, in dem über 40.000 ha wilder Salbei wuchsen. Nach einem mehrstündigen Marsch gelangten wir an einen Ort, an dem David schon häufig gewesen war und den er sehr gut kannte. Dort befand sich ein Kreis aus Steinen, die in perfekten geometrischen Linien und Pfeilen angeordnet waren, genau so, wie ihr Schöpfer sie vor langer Zeit gelegt hatte.

„Was ist das für ein Ort?" fragte ich.

„Das ist der Grund, aus dem wir gekommen sind", sagte David und strahlte. „Dieser Steinkreis ist ein Medizinrad, das hier existiert, seit sich mein Volk erinnern kann" fuhr er fort. „Das Rad selbst besitzt keine Kraft. Es dient als Ort der Sammlung für denjenigen, der das Gebet praktiziert. Du kannst es dir als eine Straßenkarte vorstellen – eine Karte zwischen dem Menschen und den Kräften dieser Welt." Meine nächsten Fragen vorausahnend, beschrieb David, wie ihm die Legende dieser Landkarte in seiner frühen Kindheit gelehrt worden war.

„Heute", sagte er, „werde ich einen alten Weg beschreiten, der zu anderen Welten führt. Von diesen Welten aus werde ich das tun, wozu wir hierher gekommen sind. Heute beten wir Regen."

Auf das, was dann kam, war ich nicht vorbereitet. Ich beobachtete genau, wie David seine Schuhe auszog, seine nackten Füße vorsichtig in den Kreis stellte und

zunächst die vier Himmelsrichtungen und all seine Vorfahren ehrte. Langsam faltete er seine Hände in einer betenden Geste vor seinem Gesicht, schloss die Augen und verharrte völlig regungslos. Trotz der Mittagshitze in der Wüste verlangsamte sich sein Atem und war kaum noch wahrnehmbar.

Nach nur wenigen Augenblicken nahm er einen tiefen Atemzug, öffnete die Augen, um mich anzusehen, und sagte: „Lass uns gehen. Unsere Arbeit hier ist getan."

Ich hatte erwartet, einen Tanz zu sehen, ihn zumindest aber ein wenig chanten zu hören, und war überrascht, wie schnell sein Gebet angefangen und geendet hatte. „Was, jetzt schon?", fragte ich. „Ich dachte, du würdest für Regen beten."

Davids Antwort wurde zur Schlüsselaussage, die so vielen Menschen helfen sollte, diese Art des Betens zu verstehen. Als er sich auf den Boden setzte, um sich die Schuhe zu binden, sah er zu mir auf und lächelte. „Nein", antwortete er. „Ich sagte, ich würde Regen beten. Wenn ich für Regen gebetet hätte, könnte mein Gebet nie in Erfüllung gehen." Später erklärte mir David, was er damit gemeint hatte.

Er erzählte, wie die Ältesten aus seinem Dorf ihn in die Geheimnisse des Betens eingeweiht hatten, als er noch ein Junge war: „Wenn wir darum bitten, dass etwas geschehen soll, geben wir den Dingen Macht, an denen es uns mangelt. Gebete für die Heilung stärken die Krankheit, Gebete für den Regen die Dürre. Indem wir ständig um das bitten, was wir haben möchten, geben wir ausschließlich den Dingen, die wir ursprünglich ändern wollten, mehr Macht."

Ich denke oft an Davids Worte und an ihre Bedeutung für unser heutiges Leben. Wenn wir beispielsweise für den Weltfrieden beten und gleichzeitig furchtbar wütend sind auf die Menschen, die Kriege verursachen, oder auch auf den Krieg selbst, können wir unbeabsichtigt genau die Bedingungen fördern, die zum Gegenteil von Frieden führen! Ich frage mich häufig, welche Rolle Millionen gut gemeinter Gebete für Frieden täglich auf einem Planeten, der sich zur Hälfte im Kriegszustand befindet, spielen. Und wie eine kleine Veränderung der Perspektive diese Rolle verändern könnte.

Ich sah David an und fragte: „Wenn du nicht für Regen gebetet hast, was hast du dann getan?"

„Das ist ganz einfach", antwortete er. „Ich begann zu fühlen, wie sich Regen anfühlt. Ich habe das Gefühl von Regen auf meinem Körper wahrgenommen und wie es sich anfühlt, mit nackten Füßen im Schlamm unseres Dorfplatzes zu stehen, weil es so stark geregnet hat. Ich sog den Geruch von Regen auf den irdenen Hauswänden unseres Dorfes ein und erlebte das Gefühl, durch Felder zu gehen, wo mir der Mais aufgrund des vielen Regens bis zur Brust reichte."

Davids Erklärung war absolut nachvollziehbar. Er setzte all seine Sinne ein: die verborgene Kraft der

Gedanken, Gefühle und Emotionen, die uns von allen anderen Lebensformen unterscheiden, und zusätzlich den Geruchs-, Gesichts-, Geschmacks- und Tastsinn, die uns mit der übrigen Welt verbinden. Auf diese Weise bediente er sich der kraftvollen alten Sprache, die mit der Natur „kommuniziert". Der nächste Teil seiner Erklärungen sprach meinen wissenschaftlichen Verstand an, berührte mein Herz und stand in völligem Einklang mit meinem Wesen.

Er beschrieb, wie Gefühle von tiefer Dankbarkeit dieses Gebet vollenden, so wie das „Amen" das christliche Gebet. David hob außerdem hervor, dass er nicht dafür dankt, was er erschaffen hat, sondern große Dankbarkeit empfindet für die Möglichkeit, am Schöpfungsprozess beteiligt zu sein. „Durch unseren Dank ehren wir alle Möglichkeiten und bringen gleichzeitig das Erwünschte in die Welt."

Die Forschung hat gezeigt, dass genau diese Haltung von tiefer Dankbarkeit die Ausschüttung lebensbejahender Hormone in unserem Körper bewirkt und unser Immunsystem stärkt. Durch den Quanteneffekt werden eben diese chemischen Veränderungen in uns durch den Kanal dieser geheimnisvollen Substanz, die unsere gesamte Schöpfung verbindet, nach außen getragen. Mit einfachen Worten hatte mir David diese hoch entwickelte innere Technik einer alten Tradition als unsere verlorene Art des Betens dargelegt!

Wenn du es nicht schon getan hast, lade ich dich dazu ein, diese Art des Betens selbst anzuwenden. Denk an etwas, das du in deinem Leben haben willst, egal, was es ist. Es kann die Heilung einer Krankheit sein, deiner eigenen oder der eines anderen Menschen, Wohlstand für deine Familie oder die Begegnung mit deinem idealen Lebenspartner. Egal, woran du denkst, bitte nicht darum, dass es sich in deinem Leben verwirklichen soll, sondern fühl dich so, als sei es schon geschehen. Atme tief und spüre die Fülle, die sich bei der Realisierung deines Gebets in deinem Leben verwirklicht, bis ins kleinste Detail und mit all deinen Sinnen.

Fühle dann die Dankbarkeit für das, was dein Leben ausmacht, nachdem das Gebet erhört wurde. Bemerke die Leichtigkeit und Befreiung, die sich durch deinen Dank einstellen, so völlig anders als die Sehnsucht und das Verlangen, die du empfindest, wenn du um Hilfe bittest! Der feine Unterschied zwischen Leichtigkeit und Sehnsucht ist die Kraft, die Bitten und Erhalten voneinander unterscheidet.

Durch den Geist Gottes träumen

Eine zunehmende Anzahl von Entdeckungen belegt inzwischen eine bis vor kurzem unerkannte Energieform, die erklären könnte, weshalb Gebete wie das von David wirken. Das feinstoffliche Energiefeld funktioniert anders als die Arten von Energie, die wir normalerweise messen können. Obwohl es weder ganz elektrisch noch ganz magnetisch ist, so sind diese vertrauten Kräfte doch Teil des einheitlichen Feldes, das die gesamte Schöpfung zu nähren scheint. Weil das Gewahrsein dieses Feldes relativ neu ist, müssen sich die Wissenschaftler erst noch auf einen einheitlichen Namen dafür einigen. In wissenschaftlichen Abhandlungen und Büchern findet man Bezeichnungen wie „Quantenhologramm", „Denkapparat der Natur", „Geist Gottes" oder einfach nur „das Feld". Unabhängig davon, wie wir sie nennen, scheint diese Energie die lebendige Leinwand zu sein, auf der die Ereignisse unseres Lebens festgehalten sind!

Zur besseren Visualisierung dieses Feldes beschreiben es die Wissenschaftler oft als dicht gewobenes Netz, aus dem die grundlegende Struktur der Schöpfung besteht, buchstäblich das Netz des Geistes Gottes. Ich persönlich stelle mir das Feld am liebsten als etwas Feinstoffliches vor, das im Nichts existiert. Wenn wir den Raum zwischen uns selbst und einem anderen Menschen oder etwas anderem betrachten und denken, er sei leer, befindet sich dort das Feld. Ob wir uns nun den Raum zwischen einem Atomkern und der ersten Kreisbahn eines Elektrons im Atommodell vorstellen oder die riesigen Entfernungen zwischen Sternen und Galaxien, die uns leer vorkommen – die Größe des Raumes spielt dabei keine Rolle. Das Feld existiert im Nichts.

Der seit kurzem vorhandene Nachweis der Feld-existenz vereint nun spirituelle Weisheit und wissenschaftliche Erkenntnis. Man geht beispielsweise davon aus, dass die Alten das Feld für das Paradies hielten. Es ist der Ort, an den die Seele nach dem Tod geht, der Ort, an dem wir im Schlaf träumen, und die Heimat unseres Bewusstseins.

Die Existenz eines Energiefeldes, das die gesamte Schöpfung verbindet, verändert die Einstellung der Wissenschaft zu unserer Welt. Aus den Ergebnissen des berühmten Experiments von Michelson und Morley[4], das im Jahre 1887 durchgeführt wurde, zogen Wissenschaftler den Schluss, dass die Ereignisse in der Welt in keiner Beziehung zueinander stehen. Demnach hätten die Handlungen eines Menschen in einem Teil der Welt keinerlei Auswirkung auf Menschen in einem anderen Teil der Welt. Wir aber wissen, dass das keineswegs so ist! Durch das energetische Netz, das unsere gesamte Welt durchdringt, sind wir alle auf eine Art miteinander verbunden, die wir gerade erst anfangen zu verstehen.

Der Spiegel, der nicht lügt

Die alten Kulturen glauben nicht nur, dass alles miteinander verbunden ist, sondern auch, dass das Feld eine Spiegelung für uns ist, ein äußerer Spiegel unserer inneren Erfahrungen. Als pulsierender, schimmernder, lebendiger Stoff dient uns das Feld als eine Art Feedbackmechanismus. Durch ihn spiegelt uns die Schöpfung unsere verborgensten Gefühle und Gedanken in Gestalt unserer Beziehungen, unserer Berufe und unserer Gesundheit wider. Der Spiegel zeigt uns unsere wahren Überzeugungen – und nicht das, was wir gern sehen würden!

Um mir die Funktionsweise dieses Spiegels besser vorstellen zu können, denke ich manchmal an das „lebendige" Wasser im Science-Fiction-Film „Abyss – Abgrund des Todes".

Die Mannschaft eines auf den Meeresgrund gesunkenen U-Boots begegnet einer mysteriösen Lebensform. (Ich werde mich kurzfassen, um nicht vorauszugreifen, falls du den Film noch nicht gesehen hast.) Die körperlose Energie des außerirdisch anmutenden Wesens muss sich über etwas Körperliches zum Ausdruck bringen und benutzt daher das, was im Ozean im Überfluss vorhanden ist: Meereswasser. In der Form eines intelligenten und scheinbar endlosen Wasserstrahls findet sie einen Weg in das Boot und strömt durch die Gänge bis zu dem einen Raum, in dem sich die Mannschaft zusammengedrängt hat.

Und hier kommt der Spiegel ins Spiel: Als die wässrige Lebensform sich aufrichtet und das eine Ende des Wasserstrahls der Mannschaft auf Augenhöhe gegenübersteht, geschieht etwas Bemerkenswertes. Jedes Mal, wenn ein Mitglied der Mannschaft das Ende

dieses Strahls ansieht, spiegelt dieser das Gesicht dieser Person genauso wider, wie es in diesem Moment erscheint. Wenn das Gesicht lächelt, lächelt auch der Strahl. Wenn das Gesicht lacht, spiegelt sich das Lachen im Wasser wider. Der Strahl wertet in keinster Weise, was ihm gezeigt wird, und er versucht nicht, es zu verstärken oder zu verändern. Er reflektiert der jeweiligen Person, die ihm gegenübersteht, nur, wie sie in diesem Moment ist.

Das Feld des Geistes Gottes scheint auf genau dieselbe Weise zu funktionieren, es reflektiert jedoch nicht nur das, was wir in unserem Inneren sind, sondern auch die Art und Weise, wie wir uns im Außen darstellen.

„Fühlen ist Beten", hatte der tibetische Abt gesagt, genau so, wie es in den Lehren der großen indianischen Weisen und in der christlichen und jüdischen Tradition beschrieben wird.

„Wie kraftvoll", dachte ich. „Wie schön! Wie einfach!" Fühlen ist die Sprache, die der Geist Gottes versteht. Fühlen war die Sprache, derer sich David bedient hatte, um Regen in die Wüste zu bringen. Weil es auf so direkte und einfache Weise funktioniert, wird klar, weshalb wir vielleicht dachten, dieses Prinzip könne komplizierter sein, als es in Wirklichkeit ist. Und dadurch wird auch klar, wie es fast vollständig in Vergessenheit geraten konnte.

Das Bewusstsein ist Schöpfer!

Das Feld spiegelt das Wesen unserer Gefühle als Erfahrungen in unserem Leben wider. 2500 Jahre alte Texte beschreiben dieses Wissen sehr ausführlich in einer alten Sprache, und es wird deutlich, dass es deutlich älter ist, als Papier, auf dem es geschrieben steht. Im Friedensevangelium der Essener beispielsweise steht: „Meine Kinder, wisst ihr nicht, dass die Erde und alles, was auf ihr wohnt, nur ein Abglanz des Himmlischen Reiches ist?"⁵ So wie sich Kreise bilden, wenn ein Stein ins Wasser geworfen wird, erschaffen auch unsere zum Teil unbewussten Gedanken, Gefühle und Glaubenssätze jene „Störungen" im Feld, die dann unseren Lebensplan mitgestalten.

Die Kraft dieses Prinzips wird leicht unterschätzt, weil man sie kaum mit Worten beschreiben kann. Ohne wissenschaftliche Fachbegriffe erklären die Alten auf einfache Weise, wie die alltäglichen Ereignisse unseres Lebens mit der Qualität unserer Gefühle verknüpft sind. Die Botschaft dieses tiefen und alten Wissens ist klar und unmissverständlich: Die Verantwortung für unsere Gesundheit oder den Frieden liegt in unseren Händen, sie wird weder „Glück" noch „Pech" überlassen.

Die Vorstellung eines allgegenwärtigen intelligenten Feldes ist zwar nicht neu, wird aber durch die moderne Physik zu einem ernstzunehmenden Konzept und erhält dadurch einen höheren Stellenwert und eine breitere Akzeptanz. Die vielleicht beste Beschreibung, welche die moderne Physik über die Energie, die die gesamte Schöpfung verbindet, abgegeben hat, stammt von Dr. John Wheeler, einem berühmten Physiker der Princeton University und Zeitgenossen Albert Einsteins. Ich erinnere mich an ein Interview mit Wheeler, das er nach seiner Genesung von einer schweren Krankheit gegeben und das ich im Jahr 2002 gelesen hatte. Als er gefragt wurde, in welche Richtung sich seine Arbeit nun entwickeln würde, antwortete er, dass er die Krankheit und seine Genesung als eine Gelegenheit betrachte. Sie war der Katalysator, der ihn dazu brachte, sich auf die einzige Frage zu konzentrieren, die er bis dahin umgangen hatte. „Um welche Frage handelt es sich?", wollte der Interviewer wissen. Wheeler antwortete, dass er vorhabe, sein Leben der Erklärung der Beziehung zwischen dem Bewusstsein und dem Universum zu widmen.

In der Welt der traditionellen Physik reicht allein diese Aussage aus, um die Grundlage einer anerkannten Theorie zu erschüttern und dafür zu sorgen, dass die Väter moderner Lehrbücher sich im Grab umdrehen! Üblicherweise wird der Begriff „Bewusstsein" nicht in einem Atemzug mit dem Gefüge des Universums genannt.

Wheeler ließ es aber nicht dabei bewenden. In den darauffolgenden Jahren führte er seine Theorien weiter aus und stellte fest, dass Bewusstsein mehr ist als ein Nebenerzeugnis des Universums. Er erklärt, dass wir in einem Universum „mit Eigenbeteiligung" leben. „Wir sind Teil eines Universums, das sich in einem stetigen Entwicklungsprozess befindet", sagt er. „Wir sind Puzzleteilchen in einem Universum, das sich selbst beobachtet und selbst erbaut." Die Schlussfolgerungen aus Wheelers Aussagen sind enorm. Er greift in der Sprache der Wissenschaft des zwanzigsten Jahrhunderts auf, was uralte Traditionen vor Jahrtausenden schon wussten: Das Bewusstsein ist Schöpfer!

Wenn wir in der Leere des Universums oder in der Quantenwelt des Atoms nach Grenzen suchen, erschaffen wir allein schon durch unseren Blick darauf etwas Sichtbares. Die bloße Erwartung unseres Bewusstseins, etwas zu sehen – das Gefühl, dass es dort etwas zu sehen gibt –, das ist der schöpferische Akt.

Gehen wir nun einen Schritt über die Ausführung Wheelers, eines der anerkanntesten Wissenschaftler des zwanzigsten (und nun auch des einundzwanzigsten) Jahrhunderts hinaus.

Die alten Schriften erweitern unsere Vorstellung, dass wir unsere Realität selbst erschaffen, um ein weiteres, oft übersehenes Detail. Sie erklären, dass es die Betrachtungsweise ist, die festlegt, was das Bewusstsein kreiert. Mit anderen Worten, wenn wir unseren Körper oder die Welt durch die Linse von Getrenntheit, Wut, Schmerz oder Hass betrachten, wird der Quantenspiegel diese Qualitäten in unserem Leben wiedergeben – in Form von Ärger mit unserer Familie, körperlicher

Krankheit oder Krieg zwischen den Völkern. Wenn Fühlen das Gebet ist, wovon sowohl David als auch der Abt überzeugt sind, verwehren wir uns genau die Früchte, die wir uns erhofft hatten, wenn wir darum beten, dass etwas geschieht, und gleichzeitig das Gefühl in uns zulassen, dass es genau an diesem Etwas in unserem Leben mangelt.

Wenn wir aber unser Leben aus der Perspektive von Einheit, Dankbarkeit, Weisheit und Liebe betrachten können, werden diese Qualitäten das Ergebnis sein, das wir in Form liebevoller und sich gegenseitig unterstützender Familien und Gemeinschaften und von friedvollem Miteinander der Völker erleben. Stell dir nur einmal die Möglichkeiten vor …

Wie wir unser Wissen anwenden

Dieses Prinzip eines wertfreien und aktiven Universums könnte eine Teilantwort auf die Frage enthalten, die sich so viele Menschen stellen: „Wenn das Gebet so kraftvoll ist, warum scheinen die Dinge sich eher zu verschlimmern je mehr wir etwas bitten, beispielsweise Frieden?" Schauen wir einmal völlig unvoreingenommen und wertfrei hin: Ist möglicherweise das, was wir als eine im Chaos versinkende Welt ansehen, vielmehr das Feld, das unseren Glauben, dass es an Frieden fehlt, widerspiegelt? Das heißt, wird genau unser „Bitte lass Frieden einkehren" als Chaos zurückgeworfen? In diesem Fall gibt es eine wirklich gute Nachricht: Durch neu gewonnenes Verständnis über die Funktionsweise des Feldes werden wir darin bestärkt, das, was wir dem Feld sagen, zu ändern.

Aus diesem Grund kann die verlorene Art des Betens einen solch gewaltigen Beitrag zu unserem Leben leisten. Das Prinzip ist immer dasselbe, ob es um eine dauerhafte Beziehung, den perfekten Arbeitsplatz oder die Heilung von Krankheit geht. Wir werden lediglich daran erinnert, dass die Struktur, die der gesamten Schöpfung zugrunde liegt, eine formbare Essenz ist, die alles widerspiegelt, was wir fühlen. Das, was wir erschaffen wollen, müssen wir also zunächst als bestehende Realität empfinden. Wenn wir es im Herzen fühlen können – also es nicht nur erdenken, sondern es auch wirklich fühlen – dann kann es sich tatsächlich in unserem Leben manifestieren!

Nehmen wir noch einmal das Beispiel Frieden. Wir wissen, dass er grundsätzlich immer und irgendwo herrscht. Dasselbe gilt für Gesundheit und Glück; es gibt sie immer irgendwo, oder es hat sie zumindest in irgendeiner Form in unserem Leben schon gegeben. Unsere Aufgabe besteht nun darin, diese positiven Qualitäten unserer Erfahrungen und unseres Erlebens zu verfeinern und die Welt so zu betrachten, als ob sie schon so sei, wie wir sie uns wünschen, und zwar in einer Haltung tiefer Dankbarkeit. Damit öffnen wir die Tür zu größeren

Möglichkeiten. Wir haben bereits gesehen, was passiert, wenn Millionen von Menschen dafür beten, dass Friede in unsere Welt kommt. Was würde nun geschehen, wenn all diese Menschen in tiefer Dankbarkeit fühlen würden, dass schon Friede herrscht? Es wäre auf jeden Fall einen Versuch wert!

Für manche Menschen mag dies eine sehr unkonventionelle Art sein, über ihre Beziehung zur Welt nachzudenken, für andere wiederum steht sie in vollkommenem Einklang mit ihren Überzeugungen und Erfahrungen. Wissenschaftliche Studien unterstützen diese Prinzipien und belegen: Wenn die Anspannung innerhalb einer Gruppe durch Meditation oder Gebet gelöst wird, sind die positiven Auswirkungen weit über diese Gruppe hinaus spürbar.

Im Jahr 1972 erlebten 24 Städte der USA mit einer Einwohnerzahl von über 10.000 Menschen bedeutsame Veränderungen in ihren Gemeinden, als gerade einmal ein Prozent der Bevölkerung (100 Personen) an einer solchen Studie teilnahm. Sowohl diese als auch andere ähnliche Studien führten zu einer grundlegenden Untersuchung, dem sogenannten internationalen Friedensprojekt im Nahen Osten, die im Jahr 1988 im Journal Of Conflict Resolution veröffentlicht wurde.[6] Während des Libanonkriegs Anfang der 1980er Jahre schulten Forscher eine Gruppe von Menschen darin, Frieden in ihrem Körper zu „fühlen", anstatt nur an Frieden zu denken oder nur dafür zu beten.

An festgelegten Tagen im Monat und zu bestimmten Tageszeiten wurden diese Menschen überall in den vom Krieg erschütterten Gebieten des Nahen Ostens postiert. Während des Zeitraumes, in dem sie Frieden fühlten, hörten Terrorakte auf, Verbrechen an Menschen verringerten sich, die Notaufnahmen der Krankenhäuser wurden seltener aufgesucht, und sogar die Zahl der Verkehrsunfälle nahm ab. Wenn die Menschen aufhörten, diese Gefühle zu empfinden, entwickelte sich die Statistik wieder in die entgegengesetzte Richtung. Diese Untersuchungen bestätigten die früheren Ergebnisse: Wenn ein geringer Prozentsatz der Bevölkerung Frieden im Inneren erlangte, wurde dieser Friede in der Welt um sie herum widergespiegelt.

Bei diesen Ergebnissen wurden Wochentage, Feiertage und sogar Mondphasen berücksichtigt, und die Daten waren so übereinstimmend und konstant, dass die Forscher herausfinden konnten, wie viele Menschen Frieden in sich fühlen müssen, bevor er sich in ihrem Umfeld widerspiegeln kann. Die Zahl entspricht der Quadratwurzel eines Prozents der Bevölkerung. Diese Formel bringt Zahlen hervor, die viel kleiner sind, als man annehmen würde. In einer Stadt mit einer Million Einwohnern beispielsweise, beläuft sich die Anzahl auf rund 100 Personen, und in einer Welt von sechs Milliarden Menschen sind es nur etwa 8000! Diese Zahl stellt allerdings nur die Mindestmenge von Personen dar, die zum Anstoßen des Prozesses erforderlich ist. Je mehr

Menschen beteiligt sind, desto schneller wird eine Auswirkung erzielt. Obwohl diese und andere Studien weiterer Untersuchungen bedürfen, machen sie bereits deutlich, dass es Auswirkungen gibt, die nichts mit Zufall zu tun haben. Die Qualität unserer innersten Überzeugungen beeinflusst eindeutig die Qualität unserer Außenwelt. Aus dieser Perspektive betrachtet müssen wir alles – von der Heilung unseres Körpers bis hin zum Weltfrieden, vom beruflichen Erfolg über Beziehungen bis hin zum Scheitern von Ehen und der Zerrüttung von Familien – als Widerspiegelung unseres Selbst und der Bedeutung, die wir den Erfahrungen unseres Leben beimessen, betrachten.

Das Feld beantwortet nicht nur unsere Frage danach, was auf der Welt passiert, sondern fordert auch dazu auf, einen Schritt weiterzugehen. Mit dem Wissen, dass Fühlen die Grundlage des Gebets ist, zeigt uns diese alte und zugleich neue Weisheit, was wir tun können, um unser Leben zu verbessern. Wenn die Welt und unser Körper Spiegel sind für unsere Gedanken, Gefühle und Überzeugungen, dann spielt die Art, wie wir für unsere Welt empfinden, bei den Rekordzahlen zerrütteter Familien, gescheiterter Beziehungen, Kündigungen und drohender Kriege eine größere Rolle denn je.

Es ist einleuchtend, dass wir dem Spiegel etwas zeigen müssen, womit er arbeiten kann, um positive, lebensbejahende und dauerhafte Veränderungen zu reflektieren. Das ist die feinstoffliche und doch kraftvolle Beziehung zwischen der Sprache des Gebets und dem Geist Gottes, der die gesamte Schöpfung verbindet. Ein Gebet, das auf Fühlen basiert, verändert uns, statt die Welt nach unseren Wünschen zu verbiegen. Wir verändern uns ins Positive, und die Welt spiegelt diese Verbesserung umgehend wider.

Vielleicht lässt sich diese Einsicht am besten mit der schlichten Aussage von Sören Kierkegaard, einem dänischen Philosophen des 19. Jahrhunderts, wiedergeben: „Das Gebet verändert nicht Gott, sondern den, der betet." Aber wie verändern wir bei all den Verletzungen des Lebens unsere Gefühle? Hier fängt die Arbeit erst an!

Die Welt als Spiegel

Ganz wertfrei gesagt, ist es der spirituelle Spiegel des Geistes Gottes, der uns als das Wesen reflektiert, das wir aufgrund unserer Gedanken, Gefühle und Überzeugungen geworden sind. Mit anderen Worten, unsere inneren Erlebnisse von Schmerz und Angst sowie von Liebe und Mitgefühl werden zum Thema der Beziehungen, die uns am Arbeitsplatz und in Freundschaften begegnen, zum Thema unseres Wohlstands und sogar unserer Gesundheit. Der Schwerpunkt dieser Betrachtungsweise liegt darin, dass es weit weniger wichtig ist, was wir im Außen tun, sondern vielmehr das, wozu wir uns im Inneren entwickeln – bedingt dadurch, welche gefühlsmäßige Haltung wir zu dem haben, was wir tun. Ich möchte das gerne an einem Beispiel verdeutlichen. Nehmen wir an, dass du an einem spirituellen Seminar teilnimmst, in dem es um die inneren Prinzipien von Fühlen, Empfinden und Gebet geht und die Rolle, die dieses innere Erleben von Frieden auf unserer Welt spielt. Aus irgendwelchen Gründen dauert das Seminar rund eine halbe Stunde länger als geplant.

Wenn du dann fluchtartig den Raum verlässt, zu deinem Auto rennst, gedankenlos rückwärts aus der Parklücke stößt, dabei drei andere Fahrzeuge beschädigst und unter Gefährdung deines Lebens und des Lebens anderer über die Autobahn rast, weil du sonst zu spät zu einer Friedensdemonstration kommst, hast du den Sinn eindeutig nicht begriffen!

Vielleicht kann uns das Wissen über diesen feinstofflichen und gleichzeitig so kraftvollen Spiegel dabei helfen, dem, was wir erleben, einen Sinn zu geben. Aus dieser Sicht betrachtet, ist das, was wir in Filmen, Nachrichten, Zeitungen und in der Welt um uns herum sehen, eine Widerspiegelung der Überzeugungen, die wir in der Vergangenheit in unseren Familien, unserem Zuhause und unseren Gemeinschaften genährt haben.

Ebenso sind die beeindruckenden Beispiele von Liebe, Mitgefühl und Hingabe, die uns in Kriegsgebieten oder bei Naturkatastrophen demonstriert werden, mehr als die Handlungen einiger weniger Menschen, die humanitäre Hilfe in diesen Gegenden leisten. Sie spiegeln das beste Ergebnis wider, das eintreten kann, wenn wir über den Schmerz hinausgehen können, den uns das Leben gebracht hat. Wenn wir die Welt als Reflexion unserer eigenen Überzeugungen betrachten und dieser Zusammenhang tatsächlich existiert, muss diese Kraft sowohl bei heilenden Glaubenssätzen als auch bei zerstörenden funktionieren. Auf diese Weise sind wir alle an den Veränderungen beteiligt, die wir gerne auf unserer Welt sehen würden. Wir müssen nur die Sprache der Veränderung erkennen!

Zweites Kapitel

Zweites Kapitel

DAS ZWEITE GEHEIMNIS:

SCHMERZ IST DER LEHRER, WEISHEIT DIE LEKTION

„Das, was ihr habt, wird euch retten,
wenn ihr es in euch selbst hervorgebracht habt;
falls ihr jenes nicht in euch habt,
wird das, was ihr nicht in euch habt, euch töten."

- Evangelium nach Thomas

ZUNÄCHST ERGABEN DIE BILDER IM FERNSEHEN WENIG SINN. OBWOHL MIR DIE LANDSCHAFT UNBEKANNT VORKAM, WAREN DIE SZENEN, DIE ICH SAH, BEINAHE SCHON ALLTÄGLICH, DA SIE IN DIESER ART IN DEN LETZTEN WOCHEN FAST TÄGLICH ÜBER DEN BILDSCHIRM FLIMMERTEN: ES HERRSCHTE CHAOS,

Menschen jeden Alters liefen in alle Richtungen, schmutzig, verbrannt und in panischer Angst. Ich war nach einem ausgefüllten Tag in Sydney, Australien, wo ich ein Seminar gehalten hatte, soeben in mein Hotelzimmer zurückgekehrt und schaltete den Fernseher ein, um mich über die Geschehnisse des Tages zu informieren. Als ich näher an den Bildschirm heranging, begann ich zu verstehen, was ich sah.

Die Lokalsender übertrugen ein unbearbeitetes Live-Video aus einer Schule im russischen Beslan. Ein paar Tage zuvor waren am ersten Tag des neuen Schuljahres hunderte von Kindern und Erwachsenen von Terroristen als Geiseln genommen worden. Bis zu jenem Tag schien die Situation ausweglos, aber jetzt hatte sich offenbar etwas verändert. Als sich der Staub legte, zeigte sich das erschreckende Ausmaß der Tragödie. Von den ungefähr 1200 Geiseln, die in der Turnhalle der Schule festgehalten worden waren, waren fast 350 getötet worden. Die Hälfte davon waren Kinder, gestorben aus keinem anderen Grund als der unbändigen Wut einer Handvoll Menschen.

Und dann wurden Einzelschicksale einiger Familien gezeigt. In fast jeder Straße der Stadt hatten Menschen entweder eigene Angehörige verloren oder kannten Verwandte von Todesopfern. Viele trugen mehr als ein Familienmitglied zu Grabe. Vitally Kaloev, einer der Betroffenen, hatte seine gesamte Familie verloren: seine Frau, seinen Sohn und seine Tochter. Pastor

Teymuraz und seine Frau begruben vier ihrer fünf Kinder: Boris (8), Albina (11), Luba (12) und Larissa (14). Madina, ihr fünftes Kind, erholte sich zu Hause von seinen Verletzungen. Durch eine tragische Fügung des Schicksals verloren auch Pastor Totjevs Bruder und seine Frau zwei ihrer drei Kinder.

Wie bei dem überwältigenden Schock durch den Verlust vieler Leben am 11. September in New York war das Ausmaß dieses Ereignisses schier unfassbar. Sogar Menschen, deren Glaube für andere in Notzeiten immer wie ein Fels in der Brandung gewesen war, gerieten angesichts der Unbarmherzigkeit dieser Tragödie in Zweifel.

Rowan Williams, der Erzbischof von Canterbury, gab zu, dass ihn die Bilder unschuldiger Kinder, die einem Massaker auf offener Straße zum Opfer fielen, kurzfristig an seinem Glauben an Gott zweifeln ließen. „Wo war Gott in Beslan?"[1], fragte er. Mit diesen Worten drückte der Erzbischof öffentlich den Schmerz aus, den viele Menschen empfanden. Der Schock, die Fassungslosigkeit und der Schmerz der Bürger von Beslan wurden von den Medien übertragen und von vielen Menschen auf der ganzen Welt miterlebt. An diesem Tag waren die Herzen, Gedanken und Gebete von Millionen Menschen bei den Betroffenen in Russland, und die Menschen nahmen weltweit Anteil am Erleben des Schmerzes.

Ob es sich um Ereignisse irgendwo auf dem Globus wie im russischen Beslan und in New York am 11.

September oder in unserem persönlichen Umfeld handelt, ist der Umgang mit Verlust und Tragödien ein Thema, das jeden von uns während des ganzen Lebens beschäftigen wird. Schmerz ist zwar eine allgemeine Erfahrung, der Umgang damit aber sehr individuell.

Wenn der Schmerz durch Enttäuschung, Verlust usw. unerlöst in uns verharren kann, kann er unsere Gesundheit, unser Leben und die Beziehungen, die uns am wichtigsten sind, zerstören. Wenn wir jedoch die dem Schmerz innewohnende Weisheit erkennen, können wir den leidvollsten Erfahrungen neue Bedeutung geben. Dadurch werden wir zu besseren Menschen – für uns selbst, für unsere Familien und die Gesellschaft. Und so erschaffen wir eine bessere Welt.

Wie viel können wir ertragen?

Das Wissen über die Kraft, die uns jenseits unseres Leids erwartet, wurde schon vor Jahrhunderten erkannt und geschätzt. Vor fast 2000 Jahren wurde bereits in der Nag-Hammadi-Bibliothek darüber berichtet, und die Worte sind heute genauso bedeutsam wie damals. In einigen Passagen der alten gnostischen Schriften wird erläutert, dass unsere Verletzlichkeit gegenüber dem Schmerz das Tor zu Leben und Heilung darstellt.

Im Evangelium nach Thomas, einer der inspirierendsten unter den wiederentdeckten Schriften, beschreibt der Autor die Kraft unserer Verletzlichkeit mit den Worten Jesu etwa so: „Selig der Mensch, der sich der Prüfung gestellt und das Leben gefunden hat."

An anderer Stelle der aufgezeichneten Lehre Jesu heißt es: „Wenn ihr das hervorbringt in euch, wird das, was ihr habt, euch retten."[2] Letzten Endes ist die Liebe, die in uns allen wohnt, die Quelle jeglicher Heilung, die wir erfahren. Um unsere Liebe aber spüren zu können, müssen wir uns öffnen für den Schmerz. Schmerz lehrt uns, wie tief wir fühlen können. Unsere Fähigkeit, Schmerz in uns zu spüren und Mitgefühl für das Leid anderer zu empfinden, zeigt uns, wie tief wir lieben können. Demnach ist Schmerz der Preis, den wir manchmal zahlen, um zu entdecken, dass wir die Liebe, die wir für unsere Selbstheilung brauchen, bereits in uns tragen.

Manchmal genügt das bloße Wissen über die Beziehung zwischen Weisheit, Schmerz und Liebe, um uns zu dem anderen Pol und zur Heilung zu katapultieren.

Während sich die Berichte von Beslan über Stunden und Tage hinzogen, stellte sich die russische Bevölkerung eine einzige Frage. Der terroristischen Übernahme des Innenministeriums, bei der 92 Menschen getötet wurden, der fast gleichzeitigen Explosion zweier Passagierflugzeuge kurz nach dem Start, die allen 90 Insassen das Leben kostete, waren nun die 350 Todesopfer in Beslan gefolgt, und die Menschen in diesem Land fragten sich: „Wie viel Schmerz können wir ertragen?"

Alten Überlieferungen zufolge, ist die Antwort auf diese Frage kurz, klar und direkt. Die Herausforderungen des Lebens kommen *nur dann*, wenn wir alles haben, was wir brauchen, um die jeweilige Erfahrung überstehen und heilen zu können.

Mütter auf der ganzen Welt haben diese uralte Erkenntnis von Generation zu Generation in einem einfachen, klaren und tröstlichen Satz weitergegeben: „Gott gibt uns niemals mehr, als wir ertragen können." Mit dieser schlichten Aussage wird uns ein Versprechen gegeben, das sich bis heute immer wieder bewahrheitet hat und nun auch wissenschaftlich bewiesen werden kann. *Wir haben alles, was wir brauchen, um die Prüfungen des Lebens zu bestehen, schon in uns.* Zwar mögen uns Selbsthilfebücher, Zeitschriften und Seminare gewisse Unterstützung und Einsichten vermitteln, aber die spirituellen Werkzeuge, die wir brauchen, besitzen wir bereits in unserem Inneren.

Die Antwort auf die Frage, wie viel wir ertragen können, mag sich erschreckend einfach anhören. Der Grund, weshalb sie stimmt, erfordert ein wenig mehr Erklärung. Wie es so oft der Fall ist, hat die Natur auch hier ein Modell vorgesehen, das die Wirkung unserer Gefühle und Erfahrungen auf unser Leben zeigt.

Es ist nicht alles so, wie es aussieht

Zu Beginn des zwanzigsten Jahrhunderts, erklärte der Naturforscher R. N. Elliott, dass die Natur Mustern folgt, die sich anhand von Zahlenreihen erkennen, darstellen und vorhersagen lassen. Vom Aufstieg und Fall eines Volkes bis hin zu den Wetterprognosen lassen seine Theorien darauf schließen, dass in der Natur ein Streben nach Gleichgewicht herrscht. Elliott sah die Menschheit als Teil der Natur und schlussfolgerte, dass unser Leben, inklusive der Art, wie wir Geld an der Börse anlegen, ebenfalls natürlichen Mustern folgt, die man als Modell abformen und auch grafisch darstellen kann. Elliott übertrug seine Theorien erfolgreich auf Zyklen der Geschäfts- und Finanzwelt, und seine Arbeit wurde zur Grundlage für eines der in der Geschichte erfolgreichsten Vorhersagetools für die Börsentendenzen, später bekannt als Elliottsche Wellentheorie.

Es sollte also nicht überraschen, dass unsere Gewohnheiten, Geld auszugeben – oder jedes andere Muster im Leben – mathematisch dargestellt werden können. Man geht davon aus, dass Zahlen als universelle Sprache fungieren, mit der sich alles beschreiben lässt, vom Ursprung der Galaxien bis zum Strudel der Milch im Kaffee. Wenn man dieser Argumentation folgt, ergibt es auch einen Sinn, dass derselbe Prozess, der in der sichtbaren Welt der Natur abläuft, ebenfalls als Metapher für die unsichtbare Welt der Gefühle und Emotionen betrachtet werden kann! Genau das ist der Fall bei Fraktalen in der Mathematik.

Als eine relativ neue Art der Darstellung unserer Welt, verbindet die fraktale Geometrie Mathematik und Kunst, um uns in Bildern zu zeigen, was Gleichungen früher nur andeuten konnten. Von zerklüfteten Berggipfeln bis hin zu Blutgefäßen, von Küstenlinien bis hin zu Flusenpartikeln erlauben uns Fraktale, viele Dinge, die wir in der Natur sehen, nachzuzeichnen. Wir reisen so von der oft trockenen und sterilen Welt der Zahlen auf dem Papier in einen Bereich von geheimnisvoller Schönheit, wenn die Zahlensprache zur Illustration der Welt herangezogen wird.

Wir kennen eine der anerkanntesten Formen fraktaler Muster als Mandelbrot-Menge, im allgemeinen Sprachgebrauch auch „Apfelmännchen" genannt. Sie wurde vom Mathematiker Benoit Mandelbrot in den späten 1970er Jahre entdeckt. Sobald diese „lebendige" Gleichung auf unserem Computerbildschirm in Bewegung gesetzt wird, entwickelt sie sich innerhalb kurzer Zeit zu einer schönen und sich ständig verändernden Serie von Kurven, Wirbeln und filigranen Mustern. Damit veranschaulicht sie den endlosen Tanz zwischen Gleichgewicht und Chaos in der Natur. Wenn wir die Farben und Muster der simulierten Bilder betrachten, sehen wir in Wirklichkeit eine kraftvolle Darstellung davon, wie sich unter anderem auch Liebesbeziehungen in unserem Leben verhalten.

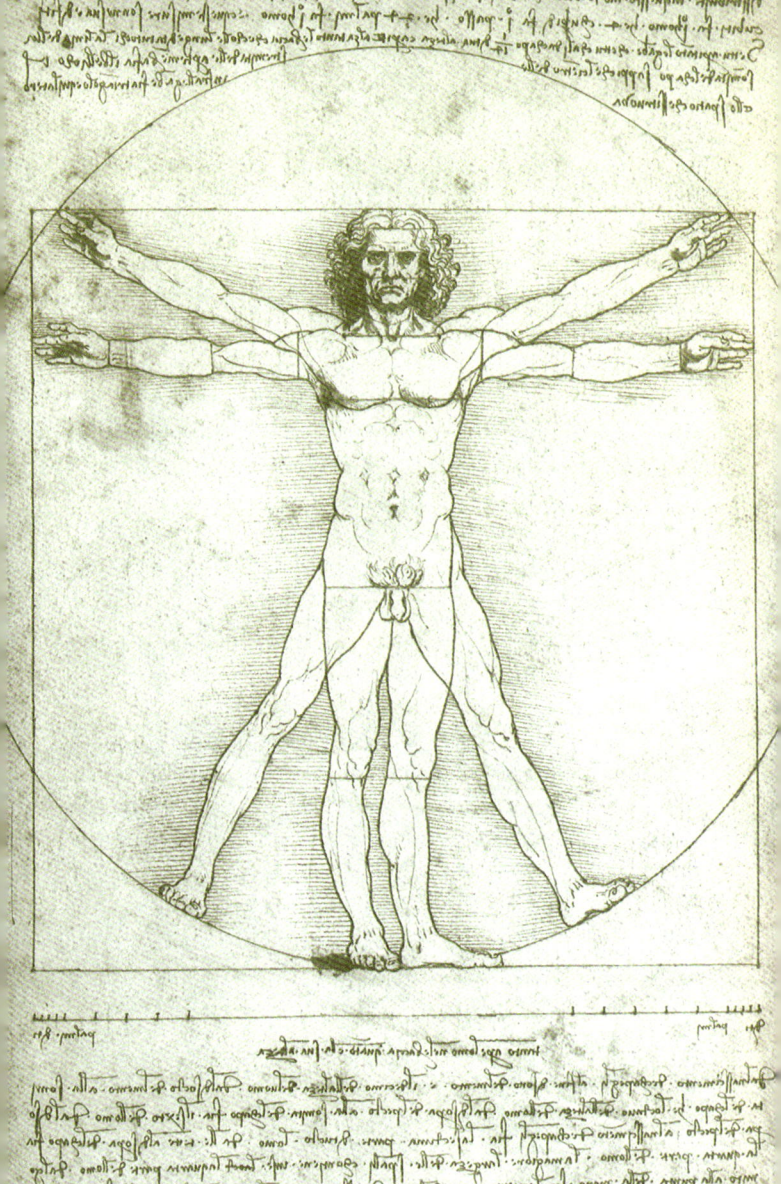

Die Muster, die erscheinen und wieder verschwinden, stehen für die Beziehungen und Karrieren sowie für all die Freude und Traurigkeit, die während des Lebens kommen und gehen. Genau wie die Bilder auf dem Computer uns zeigen, dass ein Gleichgewicht nur dann entstehen kann, wenn sich alle Muster an ihrem Platz befinden, können wir uns nur dann unseren größten Prüfungen stellen und auch nur dann unsere größten Geschenke annehmen, wenn all unsere Anteile an der richtigen Stelle und bereit sind. Als Symbole für unseren endlosen Tanz der Gegensätze – Geben und Nehmen, Kontraktion und Expansion, Schmerz und Heilung – erzählen uns diese kraftvollen Bilder die Geschichte der Natur; wie sie sich zum Gleichgewicht hin- oder von ihm wegbewegt. Sie demonstrieren uns anschaulich das Erleben der Realität.

Nur dann, wenn wir alles gelernt haben, was wir brauchen, und wenn sich alle „Werkzeuge", die wir zum Überleben und für unsere Heilung benötigen, in unserem „spirituellen Werkzeugkasten" befinden, können wir Romanzen, berufliche Veränderungen, Geschäftspartner und Freundschaften anziehen, die es uns erlauben, all das Gelernte anzuwenden. Solange wir diese Werkzeuge nicht besitzen, werden wir keine Erfahrungen machen! Das bedeutet also: Wenn uns das Leben mit Schmerz, Enttäuschung, Verlust und Betrug konfrontiert, muss bereits alles da sein, was wir brauchen, um die Erfahrungen durchzustehen.

Auf den Punkt gebracht ist nicht das Gleichgewicht das Ziel, sondern der Zustand, der für uns „Gleichgewicht" bedeutet, wird zum Auslöser für Veränderungen! Das gilt für die Fraktale ebenso wie für unser Leben. Nur wenn sich die Muster auf unserem Bildschirm in perfektem Gleichgewicht befinden, nur dann, wenn sie gleichartig sind, gehen sie auseinander, um wiederum neue Muster noch größeren Gleichgewichts zu bilden. Unser Leben scheint auf genau dieselbe Art und Weise zu funktionieren.

Im Gegensatz zur kurzen Lebensdauer von Fraktalen scheint es in unserem Leben keinerlei zeitliche Begrenzung für das Sammeln spiritueller Werkzeuge zu geben. Während sich die digitalen Bilder auflösen und innerhalb von Minuten neu zusammensetzen, kann es Monate, Jahre, Jahrzehnte oder gar ein ganzes Leben dauern, bis sich ein Zyklus in unserem Inneren vollenden kann. Auf unserem Weg durchs Leben können wir Muster wiederholen, beruflich der gleichen Art Beschäftigung nachgehen, die gleiche Art von Freundschaften und Beziehungen pflegen, bis das Aha-Erlebnis den Funken zündet und wir erkennen, weshalb wir „das" tun, „was" wir tun.

Hast du dich beispielsweise jemals gefragt, warum du eine neue Arbeitsstelle mit neuen Kollegen in einer neuen Stadt antrittst und die Gesamtsituation, die dich dazu veranlasst hat, deine alte Stelle zu kündigen, bis auf neue Namen unverändert geblieben ist? Muster sind nicht notwendigerweise „gut" oder „schlecht", sie werden hier keiner Wertung unterzogen. Wenn du feststellst, dass du dich in einem altbekannten Muster in neuer Aufmachung befindest, liegt hier für dich die Chance zu erkennen, was es dir über dein Leben sagen möchte. Wenn du in einer solchen Situationen Erkenntnis gewinnst, bekommst du die Gelegenheit, ein besserer Mensch zu werden.

Der Grundgedanke hierbei ist, dass du nur vom Leben geprüft wirst, wenn du dazu bereit bist. Ob uns dieses Prinzip nun bewusst ist oder nicht und womit auch immer das Leben uns konfrontieren mag, gilt: Wenn sich eine Krise anbahnt, verfügten wir schon über alle erforderlichen Werkzeuge, um das Problem zu lösen, den Schmerz zu heilen und die Erfahrung zu überstehen. Wir müssen, weil es ein Naturgesetz ist!

Vom siebten Himmel in den tiefsten Abgrund

Niemand ist vor den Zyklen von Gleichgewicht und Veränderung gefeit. Egal, wie groß unsere Familien sind, wie viele Freunde wir haben, wie viele Bücher wir geschrieben haben oder wie erfolgreich wir sind, wir alle kommen an einen Punkt im Leben, an dem eine Veränderung ausgelöst werden kann. Interessanterweise scheint der Auslöser bei jedem Menschen anders zu sein. Obwohl wir vielleicht glauben, unser Leben in eine überschaubare Ordnung gebracht zu haben und es somit steuern und kontrollieren können, ist jede Erfahrung und jede Beziehung eine Schulung und Vorbereitung auf Ereignisse, die vielleicht außerhalb unserer Kontrolle liegen.

In der ganzen Zeit nähern wir uns immer mehr dem Moment, in dem wir Gelegenheit erhalten, unsere Meisterschaft über den Betrug, das enttäuschte Vertrauen und oder andere kritische Themen in unserem Leben zu beweisen. Aber erst, wenn wir auch das letzte spirituelle Werkzeug an den richtigen Platz gelegt haben, um das notwendige Gleichgewicht zu schaffen, signalisieren wir unsere Bereitschaft. Unser Gleichgewicht sagt: „Hallo, ich bin so weit. Es kann losgehen!" Und dann sind wir wirklich bereit, dem Universum zu zeigen, was wir gelernt haben.

Bis wir – bewusst oder unbewusst – aus der Erfahrung gelernt haben, können die Prüfungen so subtil sein, dass wir sie nicht einmal als solche wahrnehmen! Erst wenn wir erkennen, was der Betrug und die falschen Versprechen aus unserer Vergangenheit uns zeigen wollten, erlangen wir die Weisheit und die Fähigkeiten, die uns im Leben voranbringen und mit denen wir alte Muster heilen können.

Lama Surya Das, ein Wegbereiter buddhistischer Lehren, beschreibt in seinen Büchern (u. a. *Awakening the Buddha Within, Letting Go of the Person You Used to Be*), wie kraftvoll die schmerzlichen und leidvollen

Zeiten in unserem Leben sein können. „Jedes Leben beinhaltet sowohl Freude als auch Schmerz", führt er an. „Wir würden uns gerne auf die Freude konzentrieren und den Schmerz vergessen, aber um wie viel geschickter ist es im spirituellen Sinne, alles, was uns im Leben begegnet, als Mahlgut für die Mühle des Erwachens zu verwenden." Manchmal kommt das „Mahlgut" über Wege daher, die wir am wenigsten erwartet hätten!

Während des Hightech-Booms der frühen 1990er Jahre war Gerald (Name geändert) Ingenieur im kalifornischen Silicon Valley. Er hatte zwei bildschöne junge Töchter und war mit einer ebenso schönen Frau verheiratet. Sie waren seit 15 Jahren zusammen. Als ich ihn kennenlernte, hatte ihm seine Firma gerade eine Prämie für seine fünf Jahre als erfahrener Problemlöser für spezielle Softwareprodukte gezahlt. In dieser Position war er zu einer wertvollen Ressource für das Unternehmen geworden, und sein Know-how war weit über einen normalen Achtstundentag hinaus gefragt.

Um die Anforderungen seines Jobs und den damit verbundenen Bedarf an seinem Know-how erfüllen zu können, arbeitete Gerald immer öfter auch in den Abendstunden und am Wochenende und ging mit seiner Software auf überregional stattfindende Messen und

Ausstellungen. Bereits nach kurzer Zeit verbrachte er mehr Zeit mit seinen Kollegen als mit seiner Familie. Ich konnte den Schmerz in seinen Augen sehen, als er erzählte, wie sehr sie sich auseinandergelebt hatten. Wenn Gerald abends nach Hause kam, schliefen seine Frau und seine Kinder schon, und morgens war er schon auf der Arbeit, bevor sie ihren Tag begannen. Schon bald fühlte er sich wie ein Fremder im eigenen Haus. Er wusste mehr über die Familien seiner Kollegen als über seine eigene.

Zu diesem Zeitpunkt nahm Geralds Leben eine dramatische Wende. Er kam zufällig zu einer Beratung zu mir, als ich ein Buch darüber schrieb, wie die „Spiegel" der Beziehungen in unserem Leben funktionieren. Vor über 2200 Jahren beschrieben die Autoren der Schriftrollen von Qumran sieben spezielle Muster, die sich in zwischenmenschlichen Beziehungen finden.

Als Gerald seine Geschichte erzählte, wurde mir klar, dass er gerade eines dieser Muster umriss, in dem das Leben unsere größte Angst widerspiegelt, auch bekannt als die „dunkle Nacht der Seele".

Unter den Ingenieuren in Geralds Firma war auch eine ausgezeichnete junge Programmiererin, ungefähr in seinem Alter. Die beiden arbeiteten oft gemeinsam an Projekten, die sich häufig über mehrere Tage erstreckten und für die sie auch zusammen auf Geschäftsreisen gehen mussten. Bald hatte er das Gefühl, sie besser zu kennen als seine eigene Frau. An dieser Stelle der

Geschichte war ich mir sicher zu wissen, wie sie enden würde. Allerdings wusste ich nicht, weswegen Gerald so mitgenommen war und was gerade in seinem Leben geschah.

Nach kurzer Zeit hatte er das Gefühl, in seine Kollegin verliebt zu sein, und entschloss sich, seine Frau und seine Töchter zu verlassen, um mit ihr ein neues Leben anzufangen. Diese Entscheidung schien zu diesem Zeitpunkt absolut richtig, schließlich hatten sie ja so vieles gemeinsam. Nach ein paar Wochen wurde seine neue Partnerin jedoch im Rahmen eines neuen Projekts nach Los Angeles versetzt. Gerald ließ einige Beziehungen spielen und schaffte es, sich in dasselbe Büro versetzen zu lassen.

Von da an lief vieles schief, und Gerald stellte fest, dass er auf der ganzen Linie verloren hatte. Freunde, die er und seine Frau über Jahre gekannt hatten, distanzierten sich plötzlich und waren nicht mehr zu erreichen. Seine Kollegen dachten, er wäre verrückt, seine Position und die Projekte, für die er jahrelang so hart gearbeitet hatte, einfach aufzugeben. Sogar seine Eltern waren wütend auf ihn, weil er seine Familie verlassen hatte. Obwohl ihn das alles schmerzte, redete sich Gerald ein, das sei einfach der Preis der Veränderung. Er stand auf der Schwelle zu einem wunderbaren neuen Leben. Was wollte er mehr?

Genau hier kommen der Spiegel des Gleichgewichts und die dunkle Nacht der Seele ins Spiel. In dem Moment, als es aussah, als ob sich alles perfekt fügen würde, stellte Gerald fest, dass sein ganzes Leben auseinanderbrach! Nach wenigen Wochen verkündete ihm seine neue Liebe, dass ihre gemeinsame Beziehung nicht das war, was sie sich erhofft hatte. Sie beendete sie abrupt und bat ihn, zu gehen. Auf einmal war er allein und am Boden zerstört. „Wie konnte sie nur, nach all dem, was ich für sie getan habe?", jammerte er. Er hatte seine Frau und seine Kinder verlassen, seine Freunde und seinen Job verloren, kurz gesagt: Er hatte alles aufgegeben, was er geliebt hatte.

Schon kurze Zeit später ließen seine Leistungen im Job nach. Nach mehreren Ermahnungen und einer schlechten Mitarbeiterbeurteilung wurde er schließlich entlassen. Sein Leben war aus dem siebten Himmel verbunden mit der Aussicht auf eine neue Partnerschaft, einem neuen Job und einem besseren Einkommen in den tiefsten Abgrund gestürzt. All seine Träume waren geplatzt. An dem Abend, als Gerald zu mir kam, stellte er eine einzige Frage: „Was ist nur passiert? Wie konnten sich die Dinge, die so gut aussahen, so zum Schlechten wenden?"

Die dunkle Nacht der Seele: Woran man den Auslöser erkennt

Als ich Gerald kennenlernte, hatte er alles verloren, was er geliebt hatte. Der Schlüssel zu dieser Geschichte liegt in der Antwort auf die Frage „Warum?". Anstatt das

loszulassen, was ihm wichtig war, *weil* er sich ausgefüllt fühlte und etwas abschließen wollte, um sich weiterentwickeln zu können, entschied er sich zu diesem Schritt aus der Motivation heraus, das Alte durch etwas Besseres ersetzen zu wollen. Er wollte sozusagen auf Nummer sicher gehen. Aufgrund seiner Angst, nichts Besseres finden zu können, blieb er physisch in seiner Ehe verhaftet, obwohl er seine Familie gefühlsmäßig schon lange verlassen hatte. Es gibt einen feinen, aber sehr wichtigen Unterschied, ob wir unsere Arbeit, unsere Freunde und Beziehungen aufgeben, weil wir das Gefühl der Vollkommenheit erreicht haben, oder ob wir bei ihnen bleiben, weil wir Angst haben, dass uns nichts Besseres erwartet.

Es mag in jeder Art von Beziehung eine Tendenz bestehen, am Status quo festzuhalten, bis uns etwas Besseres über den Weg läuft. Dieses Festhalten kann darin begründet sein, dass wir uns dessen, was wir tun, nicht bewusst sind, oder, weil wir Angst davor haben, das Ruder in die Hand zu nehmen und der Ungewissheit darüber, was als Nächstes kommt, ins Gesicht zu sehen. Auch wenn es sich hierbei um ein Muster handelt, dessen wir uns nicht bewusst sind, bleibt es dennoch ein Muster. Ob es um einen Job, eine Beziehung oder unseren Lebensstil geht, können wir ein Muster des Festhaltens und Klammerns leben. Wir sind damit nicht wirklich glücklich, aber das haben wir den Menschen in unserem Lebensumfeld nicht eingestehen können. Und obwohl die Welt denkt, dass bei uns alles in Ordnung sei, schreien wir vielleicht innerlich nach Veränderung und fühlen uns frustriert, weil wir nicht wissen, wie wir es den Menschen beibringen sollen, die uns nahestehen.

Dies ist ein Muster, das Negativität erzeugt. Unsere wahren Gefühle werden oft als Anspannung, Entfremdung oder einfach als Abwesenheit von der Beziehung getarnt. Wir erleben täglich den Alltag unseres Arbeitslebens oder teilen unser Leben und unser Heim mit einem anderen Menschen, während wir uns emotional bereits entfernt haben und in einer anderen Welt leben. Ob wir ein Problem mit unserem Chef, einem Partner oder auch mit uns selbst haben, finden wir einleuchtende Begründungen, schließen Kompromisse und warten ab.

Und dann – peng! – passiert *es* irgendwann. Scheinbar aus dem Nichts tauchen die Dinge, die wir in unserem Leben erwartet und ersehnt haben, einfach auf. Und dann stürzen wir uns darauf, als gebe es kein morgen.

In Geralds Fall war es so, dass er eine unbewältigte Leere hinterließ, in die alles einbrach, als er mit seiner neuen Partnerin in eine andere Stadt zog. Nachdem er alles verloren hatte, was ihm wichtig gewesen war, saß er mir nun gegenüber und weinte bittere Tränen. „Wie kann ich meine Familie und meine Arbeit zurückgewinnen? Sag mir einfach nur, was ich tun soll!"

Während ich ihm eine Packung Taschentücher reichte, sagte ich etwas zu ihm, das ihn völlig überraschte. „Dieses Mal geht es nicht darum, etwas Verlorenes zurückzugewinnen", begann ich, „obwohl genau das passieren könnte. Was du dir in deinem Leben geschaffen hast, geht noch viel tiefer als deine Arbeit und deine Familie. Du hast eine Kraft in dir geweckt, die zu deinem stärksten Verbündeten werden kann", fuhr ich fort. „Wenn du diese Phase durchlebt und diese Erfahrung gemacht hast, wirst du ein unerschütterliches neues Vertrauen haben. Du hast einen Raum betreten, den die Alten als dunkle Nacht der Seele kannten und bezeichneten."

Gerald trocknete seine Tränen und setzte sich gerade in seinen Stuhl. „Was ist gemeint mit der ‚dunklen Nacht der Seele'?", fragte er. „Und wieso habe ich noch nie etwas davon gehört?"

„Die dunkle Nacht der Seele ist eine Zeit in deinem Leben, in der du in eine Situation hineingezogen wirst, die dich mit deinen größten Ängste konfrontiert", antwortete ich.

„Eine solche Zeit kommt normalerweise dann, wenn du sie am wenigsten erwartest, und gewöhnlich ohne Vorwarnung. Der Punkt dabei ist", fuhr ich fort, „dass du nur dann in diese Dynamik gerätst, wenn durch die Art, wie du dein Leben meisterst, deine Bereitschaft signalisiert wird. Und genau in dem Moment, in dem dein Leben perfekt zu sein scheint, wird das Gleichgewicht, das du erreicht hast, zum Signal dafür, dass du für die Veränderung bereit bist. Der Köder, der ausgeworfen wird, um eine Veränderung herbeizuführen, ist etwas, wonach du dich in deinem Leben sehnst, etwas, dem du einfach nicht widerstehen kannst. Sonst würdest du den Sprung niemals wagen!"

„Meinst du eine Verlockung wie die einer neuen Beziehung?", fragte Gerald.

„Genau, etwa eine neue Beziehung", antwortete ich. „Eine Beziehung ist durchaus die Art Katalysator, die uns verspricht, dass wir im Leben weiterkommen."

Ich erklärte ihm weiter, dass es nicht unserer Natur entspricht, eines Morgens aufzuwachen und zu sagen: „Ach, ich denke, ich werde heute mal alles aufgeben, was mir lieb und teuer ist, um in die dunkle Nacht der Seele einzutauchen", selbst wenn wir wissen, dass wir absolut in der Lage sind, alles zu überstehen, was uns das Leben vor die Füße wirft. So sind wir nicht strukturiert. Wie es so häufig der Fall ist, scheinen wir uns den härtesten Prüfungen unserer dunklen Nacht genau dann stellen zu müssen, wenn wir am wenigsten damit rechnen.

Vor einigen Jahren traf ich zufällig einen Freund, der soeben seine Karriere, seine Familie, seine Freunde und eine Beziehung aufgegeben hatte, um sich im nördlichen Teil von New Mexiko in der Wildnis niederzulassen. Ich fragte ihn, weshalb er so vieles zurückgelassen hatte, nur um sich in die Isolation des Wüstenhochlands zurückzuziehen. Er antwortete mir, dass er in die Berge gegangen war, um seinen spirituellen Weg zu finden. Im selben Atemzug erzählte er mir, dass er sich allerdings nicht auf diesen Weg begeben konnte, weil nichts richtig lief. Er hatte Probleme mit der Firma, der Familie und den Freunden, die er zurückgelassen hatte. Seine Frustration war offensichtlich.

Ich habe gelernt, dass es keine Zufälle im Leben gibt und dass jedes Hindernis, das sich uns in den Weg stellt, Teil eines größeren Plans ist. Während ich mir seine Geschichte anhörte, gebot mir mein Intellekt gepaart mit dem Wunsch, die Dinge im Leben in Ordnung zu bringen, ihm meine Sicht kundzutun. „Vielleicht *ist* das ja dein spiritueller Weg. Vielleicht ist die Art, wie du jedes deiner Probleme löst, der Weg, nach dem du hier gesucht hast."

Im Weggehen sah er sich noch einmal um und sagte einfach nur: „Ja ... vielleicht ..."

Die These, dass wir im Leben genau das bekommen, was wir brauchen, und zwar genau dann, wann wir es brauchen, ergibt für mich absolut einen Sinn. Ebenso, wie wir erst den Wasserhahn aufdrehen müssen, um ein Glas mit Wasser füllen zu können, brauchen wir auch erst einen vollen Werkzeugkasten mit Emotionen und Gefühlen als auslösendes Moment, der dem Wasserhahn des Lebens signalisiert, eine Veränderung einzuleiten. Solange wir den Fluss nicht auslösen, kann nichts passieren. Das heißt also, wenn sich uns die dunkle Nacht der Seele zeigt, kann es beruhigend sein zu wissen, dass nur wir selbst den Schalter umgelegt haben können, um mit dieser Lebenssituation konfrontiert zu werden! Ob es uns bewusst ist oder nicht, wir sind immer bereit für das, was uns das Leben vorsetzt.

Unsere größten Ängste

Der Zweck der dunklen Nacht der Seele ist, dass wir unsere größten Ängste erleben und heilen. Das wirklich Interessante an der dunklen Nacht ist Folgendes: Weil die Ängste der Menschen so unterschiedlich sind, ist es etwas, das sich für den einen als schreckliche Erfahrung darstellt, für den anderen nur eine Lappalie. Gerald, zum Beispiel gab zu, dass es seine größte Angst sei, alleingelassen zu werden. Einige Stunden zuvor hatte ich jedoch mit einer Frau gesprochen, die mir erzählte, dass Alleinsein ihr größtes Vergnügen sei.

Es ist nicht ungewöhnlich, dass jemand, dessen größte Angst es ist, allein zu sein, immer aufs Neue Beziehungen eingehen wird, die ihn mit genau dieser Angst konfrontieren. Gerald beispielsweise erzählte mir von Affären, Freundschaften und Beziehungen, die um nichts auf der Welt hätten halten können! Wenn wieder einmal eine davon zu Ende gegangen war, glaubte er, diese Beziehung sei eben „gescheitert". In Wirklichkeit aber war jede dieser Beziehungen sehr erfolgreich, weil sie seine größte Angst an ihm vorbeiziehen ließ. Da er seine Muster nie zuvor in seinem Leben geheilt oder auch nur erkannt hatte, geriet er in Situationen, in denen seine Angst immer deutlicher und präsenter wurde. Schließlich führte ihn das Leben in eine Situation, in der seine Angst so übermächtig wurde, dass er auf sie eingehen musste, bevor es in seinem Leben weitergehen konnte. Wir können während unseres Lebens durch mehr als eine dunkle Nacht der Seele gehen, die erste ist aber meistens die schwerste. Wenn wir einmal verstanden haben, *warum* wir solchen Schmerz erleiden, bekommt das Erlebte einen neuen Sinn. Wenn wir die Zeichen einer dunklen Nacht erkennen, können wir sagen: „Aha! Ich kenne dieses Muster! Es ist auf jeden Fall eine dunkle Nacht der Seele. Was soll ich dieses Mal meistern?"

Ich kenne Menschen, die sich, nachdem sie das Erleben und die Erfahrungen einer dunklen Nacht gemeistert haben, so gestärkt fühlen, dass sie das Schicksal fast dazu herausfordern, ihnen die nächste zu schicken. Sie tun das, weil sie wissen, dass sie alles überleben können, wenn sie ihre erste überlebt haben. Nur wenn wir solche Erfahrungen machen, ohne zu verstehen, was genau sie ausmacht oder warum wir sie durchleben, bleiben wir Jahre oder sogar ein Leben lang in einem Muster gefangen, das uns alles rauben kann, was uns wichtig ist, sogar das Leben.

Ist es möglich, dass unerlöster Schmerz ein Leben verkürzen oder sogar beenden kann? Die Antwort mag dich überraschen!

Warum sterben wir?

Hast du dich jemals gefragt, warum wir sterben? Was ist, abgesehen von äußeren Ursachen wie Krieg, Mord, Unfälle, Naturkatastrophen und schlechte Lebensbedingungen der wahre, natürliche Grund für den Tod eines Menschen? Wenn wir, wie spirituelle Traditionen besagen, geistige Anteile Gottes in irdischen Körpern sind und wenn unsere Zellen, wie die Medizin behauptet, in der Lage sind, sich selbst zu heilen und mehrfach zu ersetzen, was ist dann der Grund für den Verfall des menschlichen Körpers? Warum sinken die Chancen auf ein weiterhin gesundes, vitales und sinnvolles Leben, wenn wir die sogenannte „Lebensmitte" überschreiten und uns der Hundertjahregrenze nähern?

Ich habe diese Frage auf vielen meiner Seminare auf der ganzen Welt gestellt. Mehr oder weniger sofort nach Aufzählung der oben genannten Gründe nannten die meisten Teilnehmer „hohes Alter" als Todesursache. „Wir werden einfach alt, und unsere Körperfunktionen lassen nach", ist die typische Antwort. Oberflächlich betrachtet, scheint die medizinische Forschung diese These zu bestätigen.

Dieser Standpunkt könnte am besten mit dem ersten Satz eines Artikels in der *General Health Encyclopedia* auf den Punkt gebracht werden: „Altern verändert Organe, Gewebe und Zellen – die meisten Menschen stellen fest, dass ihre Körperfunktionen mit zunehmendem Alter nachlassen." Ich muss zugeben, dass ich mich nicht zu dieser Gruppe zähle! Je mehr ich den menschlichen Körper und seine Funktionen erforsche, desto überzeugter bin ich, dass etwas anderes beim Alterungsprozess eine Rolle spielt, etwas, das bei der heutigen medizinischen Betrachtungsweise noch nicht ausreichend berücksichtigt wird.

An einer späteren Stelle im selben Artikel deutet eine andere Aussage auf diese Möglichkeit hin. Der Autor räumt ein, dass die Gründe für den Verfall unseres Körpers noch nicht gänzlich erforscht sind: „Keine Theorie erklärt ausreichend alle Veränderungen des Alterungsprozesses." Mit anderen Worten, wir kennen noch immer nicht alle Gründe für unseren körperlichen Verfall bei zunehmendem Alter. Wir werden zwar höchst wahrscheinlich alle eines Tages sterben, aber ist es vielleicht möglich, dass wir schon im Begriff sind, uns aus der Notwendigkeit, zu altern, zu leiden und aus den hinlänglich bekannten Gründen zu sterben, herauszuentwickeln?

Der Mensch ist ein Wunder mit langer „Haltbarkeitsdauer"!

Wissenschaftler, Ärzte und Gelehrte sind sich darin einig, dass unser Körper die wundersame Fähigkeit besitzt, das Leben aufrechtzuerhalten. Wir wissen, dass die meisten der rund 50 Billionen menschlichen Zellen sich mehrfach während eines Menschenlebens selbst „reparieren" und reproduzieren können. Wir erneuern uns also ständig von innen heraus.

Es gibt offenbar nur zwei Ausnahmen beim Phänomen der Zellreproduktion. Interessanterweise handelt es sich dabei um die Zellen der beiden Zentren, die am stärksten mit den spirituellen Qualitäten in Verbindung stehen und unser wahres Wesen ausmachen: unsere Gehirnzellen und die Zellen unseres Herzens. Obwohl aus Studien hervorgeht, dass auch diese Zellen möglicherweise die Fähigkeit zur Neubildung besitzen, scheint es, als ob sie so widerstandsfähig sind, dass das unnötig wäre, weil sie ohnehin ein Leben lang „halten".

So komplex wir äußerlich erscheinen mögen, bestehen unsere Organe dennoch aus nur vier Elementen: Wasserstoff, Stickstoff, Sauerstoff und Kohlenstoff. Ironischerweise gibt es diese Substanzen im Universum im Überfluss. Wir bestehen sprichwörtlich aus demselben „Material" wie Sterne und Galaxien. Demnach gibt es keinerlei Mangel an „Rohstoffen" für den menschlichen Körper. Woran also sterben wir?

Abgesehen von Einnahmefehlern bei Medika-

menten und von Fehldiagnosen stellen Herzer-
krankungen die größte gesundheitliche Bedrohung für
Menschen ab dem 65. Lebensjahr dar. Ich finde diese
Feststellung aufgrund der unermüdlichen Leistung
unseres Herzens beeindruckend. Das menschliche Herz
schlägt ungefähr 100.000 Mal am Tag – das entspricht
umgerechnet mehr als 2,5 Milliarden Herzschlägen pro
Jahr – und pumpt alle 24 Stunden die rund sechs Liter
Blut immerwährend durch Arterien, Blutgefäße und
Kapillare, und zwar über eine Gesamtstrecke von fast
20.000 Kilometern. Unser Herz ist offenbar so entschei-
dend für unser Dasein und unsere Entwicklung, dass es
das erste Organ ist, das während der Schwangerschaft im
Mutterleib entsteht, noch vor unserem Gehirn!

Wenn der Erfolg eines ganzen Projekts von einer
einzigen Komponente abhängt, bezeichnet man dieses
Teil in der Ingenieursprache als „mission critical" oder
auch „geschäftskritisch". Wenn im Rahmen eines Raum-
fahrtprogramms beispielsweise ein Rover auf dem Mars
landen soll und es ist niemand vorgesehen, um einen
potenziellen Defekt zu beheben, haben die Ingenieure
zwei Möglichkeiten. Sie konstruieren das Teil, von dem
die gesamte Mission abhängt, also das „mission critical"
Teil, mit einer solchen Präzision, dass kein Fehler
auftreten kann, oder sie bauen Sicherungssysteme ein,
die seine Funktion übernehmen können, sollte das Teil
wider Erwarten ausfallen. In manchen Fällen werden
beide Optionen gewählt.

Kommen wir aber wieder auf das Herz zurück: Dieses wunderbare Organ, das jede einzelne Zelle mit Blut versorgt, hat sich, ob durch beabsichtigte Konstruktion oder durch Naturprozesse zum Organ mit der größten Selbstheilungskraft und zum „mission critical" Körperteil entwickelt. Wenn wir einen Menschen durch das „Versagen" dieses Organs verlieren, fragen wir uns, was im Leben dieser Person *wirklich* passiert ist. Warum hört ein Organ, das im menschlichen Körper als erstes entsteht, das so ausdauernd und unermüdlich arbeitet, dessen Zellen so widerstandsfähig sind, dass sie sich nicht einmal reproduzieren müssen, nach nur ein paar Jahrzehnten einfach auf zu arbeiten? Das ergibt keinen Sinn, außer es bestehen andere Faktoren, die wir nicht miteinbezogen haben.

Die moderne Medizin führt den Zustand des Herzens auf den individuellen Lebensstil und eine Reihe physischer Faktoren zurück, zu denen beispielsweise Ernährung, Cholesterinwerte, Umweltgifte und Stress gehören. Diese Faktoren mögen aus rein medizinischer Sicht ihre Berechtigung haben, aber auch sie liefern keine überzeugende Erklärung. Was also ist die wahre Bedeutung von „Herzversagen"?

Es ist sicher kein Zufall, dass die meisten Umstände, die mit Herzversagen zu tun haben, auch mit der unsichtbaren Kraft in Verbindung stehen, die in alten spirituellen Kulturen als die mächtige Sprache bezeichnet wird, die mit dem Universum selbst kommuniziert – dem menschlichen Gefühl. Gibt es ein Gefühl, das bei einigen von uns zum Versagen des wichtigsten Organs in unserem Körper führt?

Der tödliche Schmerz

Die Antwort auf die Frage, was unser Leben beenden kann, mag überraschend sein. Eine zunehmende Anzahl führender Forscher behauptet, dass das Leben selbst zum körperlichen Verfall führen kann. Insbesondere sind es die unerlösten negativen Gefühle, *unser Schmerz*, der Bedingungen herbeiführen kann, die Kreislauferkrankungen begünstigen, wie etwa Anspannung, Entzündungsprozesse, hoher Blutdruck und verstopfte Arterien. Diese Beziehung zwischen Seele und Körper wurde vor kurzem in einer grundlegenden Studie an der Duke University unter der Leitung von James Blumenthal untersucht.[4] Dabei wurde festgestellt, dass Zustände von Angst, Frustration, Besorgnis und Enttäuschung über einen längeren Zeitraum hinweg ein Risiko für das Herz darstellen und lebensgefährdend sein können. Jedes der angeführten Gefühle lässt sich dem Oberbegriff „Schmerz" zuordnen.

Auch andere Studien bekräftigen diesen Zusammenhang. Der Therapeut Tim Laurence, Begründer des Hoffman Institute in England, beschreibt die mögliche Auswirkung unserer Unfähigkeit zu Heilung und

Vergebung unserer, wie er es nennt, „alten Verletzungen und Enttäuschungen".

„Die geringste Auswirkung ist, dass sie unsere Gesundheit ernsthaft bedrohen", sagt er.[5] Er bekräftigt diese Aussage, indem er eine Vielzahl von Studien anführt, etwa Blumenthal-Studie, die beweisen, dass Zustände von Groll und Zorn zu Problemen wie hohem Blutdruck, Kopfschmerzen, einem geschwächten Immunsystem, Magenerkrankungen und nicht zuletzt Herzinfarkt führen können.

Blumenthals Studie zeigt: Wenn man Menschen anleiten könnte, ihre emotionalen Reaktionen auf die Situationen ihres Lebens „herunterzudrehen", könnten sie vor einem Herzinfarkt bewahrt werden. Und genau darum geht es bei der Heilung unseres Schmerzes! Die nichtphysischen Kräfte von Dingen, die uns verletzen, haben Auswirkungen auf der physischen Ebene, die uns förmlich schaden oder im schlechtesten Fall sogar unser Leben beenden können.

Es ist nicht so, dass diese und andere Studien behaupten, es wäre schlecht oder ungesund, über einen kurzen Zeitraum negative Gefühle zu haben. Sie sind Indikatoren, individuelle Pegel, die uns darauf aufmerksam machen, dass etwas geschehen ist, das Aufmerksamkeit und Heilung erfordert. Nur wenn wir diese Gefühle ignorieren und sie über Monate, Jahre oder ein ganzes Leben lang in uns gären, ohne erlöst zu werden, können sie zum Problem werden.

Könnte die Antwort auf die Frage, warum wir sterben, lauten, dass wir selbst uns durch all die Verletzungen und Enttäuschungen unseres Lebens „zu Tode leiden"? In Bezug auf diese Möglichkeit sagt die Blumenthal-Studie Folgendes aus: „Wenn Menschen vom Sterben an gebrochenem Herzen sprechen, meinen sie vielleicht in Wirklichkeit, dass heftige emotionale Reaktionen auf Verlust und Enttäuschung zu einem tödlichen Herzinfarkt führen können." Alte Überlieferungen bekräftigen genau diese Möglichkeit.

Die ersten 100 Jahre sind die schwierigsten

Warum also bewegt sich das Höchstalter des Menschen um die Hundertjahresgrenze? Warum werden wir nicht 200 oder 500 Jahre alt? Wenn wir Berichten in der Thora und im Alten Testament Glauben schenken können, wurde die Lebensdauer einiger unserer Vorfahren in Jahrhunderten und nicht in Jahrzehnten gemessen, wie es heute bei uns der Fall ist. Adam soll beispielsweise 930 Jahre alt geworden sein, Noah 950 und Methusalem sogar 969.

Laut diesen Texten waren diese Männer keineswegs nur noch kümmerliche Schatten ihrer selbst, sondern auch im hohen Alter noch aktiv und vital. Sie genossen das Leben mit ihren Familien und gründeten sogar noch neue! Warum auch nicht? Wir leben eindeutig in

Körpern, die für eine lange Lebensdauer gedacht sind. In der Thora steht, dass Noah noch 350 Jahre nach der Sintflut lebte. Wenn er tatsächlich 950 Jahre alt wurde, bedeutet das, dass er mit 600 Jahren noch fit und vital genug war, um die Arche zu bauen, die das Überleben der gesamten menschlichen Rasse sicherte!

Wenn es wirklich eine Zeit gab, in der die Menschen länger und gesünder lebten, was ist dann in der Zwischenzeit passiert? Was hat sich verändert? In zahllosen Schriften spiritueller Kulturen, die Jahrhunderte überdauert haben, werden wir daran erinnert, dass wir Seelen sind, die sich über unseren Körper ausdrücken. Und obwohl der Körper aus den Elementen des Universums besteht, ist es die Seele, die ihn zum Leben erweckt. *Wenn die Seele leidet, wird der Schmerz als spirituelle Qualität unserer Lebenskraft direkt in unseren Körper geleitet, und wir nehmen ihn in jeder Zelle auf.*

Ist es möglich, dass die 100 Jahre, die wir als ungefähre Lebensdauer des Menschen betrachten, in Wirklichkeit den Grenzwert darstellen, bis zu dem der Körper den in der Seele unerlösten Schmerz auszuhalten fähig ist? Zeigt uns ein Jahrhundert an, wie lange wir die Traurigkeit und die Enttäuschungen des Lebens ertragen können, bevor sie uns zur Strecke bringen? Wir alle kennen den Schmerz, den der Verlust geliebter Menschen und Tiere sowie der Aufgabe vertrauter Gewohnheiten auslöst. Könnte ein Leben, das von solchem Verlust, von

Enttäuschung und Betrug gezeichnet ist, die Kraft besitzen, unser Herz, das stärkste und vielleicht widerstandsfähigste aller Organe, außer Gefecht zu setzen?

Vielleicht ist unser Schmerz aber auch deutlich älter und geht weit mehr in die Tiefe. Außer diesen offensichtlichen Quellen von Leid gibt es vielleicht noch einen anderen Schmerz, der nicht auf der Hand liegt und doch so gewaltig und allen Menschen zu eigen ist, dass wir den bloßen Gedanken daran kaum ertragen können. In allen Kulturen und Gemeinschaften gibt es Erzählungen über die Schöpfung. Diese besagen, dass wir uns zunächst von einer größeren kollektiven Seelenfamilie lösen müssen, um individuelle Seelen in unserem Körper auf dieser Welt werden zu können. Gleichzeitig aber ist eine der größten und allen Menschen vertrauten Ängste die Angst, alleine und isoliert zu sein.

Vielleicht ist unser Hauptschmerz, der jedem anderen zugrunde liegt, in der Trennung von einer größeren Existenz begründet. Wenn das stimmt, vermissen wir unsere große Seelenfamilie vielleicht so sehr, dass wir versuchen, diese Lücke zu schließen, indem wir wieder ein Gefühl der Einheit schaffen und kleinere Familien hier auf der Erde gründen. Dann ist es auch nicht verwunderlich, dass der Verlust unserer Angehörigen so verheerend für uns sein kann. Er schleudert uns auf direktem Weg in unseren Urschmerz zurück.

Bei manchen Menschen erzeugt das Verlangen, an ihren Familien, Beziehungen und Erinnerungen festzuhalten, die Bedingungen für ihr größtes Leid. Wenn sie sich nach etwas verzehren, das sie nie wieder haben können, und nach den Menschen, die sie vermissen, können Drogen und Alkohol zu gesellschaftlich anerkannten Hilfsmitteln werden, die man gebraucht, um den tiefen Seelenschmerz zu betäuben.

Wenn wir einen Weg finden können, die Zeit, die wir mit geliebten Menschen verbringen, zu genießen und für diese Zeit dankbar zu sein, machen wir einen Riesenschritt in die Richtung unserer größten Heilung. Aus dieser Perspektive betrachtet funktionieren dieselben Prinzipien, die uns größten Schmerz empfinden lassen, auch umgekehrt. Sie bieten uns die heilende Kraft des Lebens. Die Umsetzung dieser zentralen Erkenntnis hängt offensichtlich damit zusammen, wie wir die Dinge, die uns das Leben bietet, einordnen.

Während all das überdenkenswerte Thesen sind, wissen wir eines sicher: Es gibt für unseren Körper ein biologisches Potenzial, wesentlich länger zu leben, und für uns die Möglichkeit, ein gesünderes und erfüllteres Leben als das bisherige zu führen. Neben den physischen Elementen unseres Körpers fehlt allerdings etwas bei der Gleichung für Langlebigkeit. Egal, wie wir es bezeichnen, scheint dieses „Etwas" die spirituelle Kraft zu sein, die unseren Körper nährt. In ihren alten Texten haben uns unsere Vorfahren Anweisungen hinterlassen, wie wir diese vitale Kraft, von der alles Leben abhängt, nähren können. Ihr Wissen kann uns dazu befähigen, vergangenes Leid in heilendes Wissen umzuwandeln. Um ein langes, gesundes und vitales Leben zu führen, müssen wir den Verletzungen unseres Lebens eine Bedeutung geben.

Wir müssen Liebe fühlen

Die Kraft von Wissen, Schönheit und Gebet, die in vielen alten Traditionen beschrieben wird, wurde durch Erfahrungen unserer Zeit wiederentdeckt. Wie wir in der Einleitung gesehen haben, beruht die Essenz des Wissens der Navajo im Erkennen der Beziehung zwischen dem Schmerz in der Außenwelt und der Weisheit und Liebe in ihrem Herzen. Obwohl es sich zweifellos um grundverschiedene Erfahrungen handelt, scheinen Schmerz, Weisheit und Liebe auf eine merkwürdige und vielleicht unerwartete Weise eng miteinander verknüpft zu sein.

Durch unseren Schmerz wird uns unsere Fähigkeit zu fühlen gezeigt – je tiefer der Schmerz, umso kraftvoller die Gefühle. In unserem tiefsten Schmerz entdecken wir die Tiefe unserer Fähigkeit zu lieben. Auch Vergebung scheint in direkter Verbindung mit unserem Schmerz zu stehen. Je größer der Schmerz, erklärt Tim Laurence, umso größer der Nutzen, den wir aus der Vergebung ziehen. *Aus dieser Perspektive betrachtet kann unser Schmerz als Barometer für unsere Fähigkeit zu lieben angesehen werden und nicht als Strafe für unsere Entscheidungen.* Diese subtile Beziehung verdeutlicht die Kraft, die viele Kulturen als den „Klebstoff" beschreiben, der die Welt zusammenhält: die Macht der Liebe. Wir finden die größte Heilung in unserer Kraft zu lieben.

Es ist fast so, als ob wir auf diese Welt kommen, um uns Prüfungen zu unterziehen, die für vernünftige und liebende Menschen normalerweise undenkbar wären. Durch all die Beziehungen, Jobs, Verluste und Versagensmomente im Leben bringen wir uns selbst an den Rand dessen, was wir glauben, zu sein. Dabei fragen wir uns ständig: „Können wir bei all diesen Erfahrungen Liebe empfinden?" Können wir lieben angesichts all der unvorstellbaren Gräueltaten, die durch Hautfarbe oder Religionszugehörigkeit gerechtfertigt werden? Können wir lieben in einer Welt, in der die Menschen töten, was sie nicht verstehen, und ganze Völker vom Erdboden auslöschen?

Jeder von uns hat den Verlust von Menschen erlitten, die plötzlich und unerwartet aus unserem Leben verschwanden. Wir haben Menschen erlebt, die an Krankheiten litten, die kein Wesen auf dieser Welt jemals erleiden sollte. Wenn sie nicht mehr da sind, fragen wir uns, ob wir lieben können, obwohl wir darunter leiden, dass wir sie nicht mehr bei uns haben. Unsere Liebe wird manchmal auf eine Art geprüft, die wir niemals bewusst wählen würden oder uns nie hätten vorstellen können. Jedes Mal, wenn das Leben fragt, ob wir noch immer lieben können, ist die Antwort dieselbe. Es ist ein großes, lautes „Ja!", weil wir noch immer hier sind. Es ist die Liebe in uns, die uns am Leben erhält. Ob wir sie nun alle beim selben Namen nennen oder einfach ihre Bedeutung in unserem Leben erfahren, macht keinen Unterschied. Sie trägt uns durch die schweren Zeiten ebenso wie durch die schönen und verspricht uns, dass wir immer wieder von den tiefsten Verletzungen unseres Lebens geheilt werden. Dazu müssen wir allerdings einen Weg finden, unseren größten Schmerz in tiefste Weisheit umzuwandeln.

Den Schmerz in Weisheit umwandeln

Als Teile eines natürlichen Zyklus scheinen Schmerz und Weisheit eng miteinander verwandt zu sein. Während Schmerz aus der Art entsteht, *wie wir eine Erfahrung interpretieren*, wird unser Fokus in diesem Zyklus verlagert, wenn wir die Art, wie wir das Erlebte empfinden, verändern. Wenn eine Erfahrung uns so viel Schmerz bereitet, dass wir sie lieber verleugnen oder ihr aus dem Weg gehen, anstatt sie geradewegs anzugehen, bleiben wir nur allzu leicht in unseren Gefühlen verhaftet. Jeder von uns hat die Kraft, seinen Schmerz in einen Zustand der Heilung umzuwandeln, unabhängig davon, wodurch er begründet ist. Während die Erfahrung, welcher der Schmerz entstammt, unverändert bleibt, finden wir unsere Kraft in der Art und Weise, wie wir den Schmerz empfinden.

Auf den ersten Blick scheint diese Einsicht uns nur dazu aufzufordern, einfach in unserem Trott weiterzumachen und ein neues Gefühl für die Ereignisse in unserem Leben vorzutäuschen. Bei genauerem Hinsehen stellen wir jedoch fest, dass die Alten ein uraltes, subtiles Prinzip kannten und anwandten, das erst kürzlich in der westlichen Wissenschaft Anerkennung fand. Dieses Prinzip betrachtet die Welt um uns herum als lebenden Spiegel – eine Quantenfabrik, die die Gefühle in unserem Inneren widerspiegelt. Genauer gesagt, tendieren demnach die Heilmuster in unserem Körper, die Unterstützung von Familie und Gemeinschaften und der Frieden auf der Welt dazu, unsere eigenen tiefsten Überzeugungen widerzuspiegeln. Diese Verbindung zwischen Überzeugungen und Erfahrungen wird inzwischen durch die neusten Theorien der Wissenschaft des 21. Jahrhunderts untermauert.

Dieses Prinzip hat sowohl für unsere „negativen", wie auch für unsere „positiven" Glaubenssätze Gültigkeit. Lebensfördernde Gefühle wie Dankbarkeit, Mitgefühl und Liebe sind bewiesenermaßen Auslöser für lebensverlängernde Bedingungen wie niedriger Blutdruck, die Freisetzung „guter" Hormone und ein starkes Immunsystem. Auf ähnliche Weise fördern lebensfeindliche Gefühle wie Zorn, Hass oder Neid lebensbedrohliche Bedingungen wie Herzrhythmusstörungen, ein geschwächtes Immunsystem und die Ausschüttung von Stresshormonen.

Es überrascht also nicht festzustellen, dass wir in der Subtilität dieses Prinzips den Schlüssel für das finden, was viele Menschen für die einzige und stärkste Kraft der Schöpfung halten! Auf der Suche nach der Wahrheit des Lebens fand sich Gurdijeff in einem einsamen und abgelegenen Kloster wieder, wo er bleiben konnte, bis er eine große Kraft in sich erweckt hatte. „Bleib hier", sagte sein Meister, „bis du eine Kraft in dir erweckt hast, die nichts auf der Welt zerstören kann." Ich bin überzeugt, dass diese Kraft die Liebe, Weisheit und das Mitgefühl war, die aus der Heilung des Schmerzes und der Verletzungen kommt. Der Schlüssel, der unseren Verletzungen neue Bedeutung schenkt, ist derselbe, der es uns erlaubt, über unsere Beurteilungen des Lebens hinauszuwachsen. Es ist die uralte Kraft des Segnens.

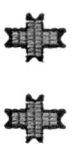

Drittes Kapitel

Drittes Kapitel

DAS DRITTE GEHEIMNIS:
SEGEN IST DIE ERLÖSUNG

Jenseits aller Vorstellungen
falschen und richtigen Handelns gibt es ein Feld.
Ich werde dich dort treffen.

- Rumi

ALTE TRADITIONEN BESAGEN, DASS DER EINZIGE UNTERSCHIED ZWISCHEN DEN ENGELN DES HIMMELS UND DENEN AUF DER ERDE DARIN LIEGT, DASS SICH DIE HIMMLISCHEN DARAN ERINNERN, DASS SIE ENGEL SIND. WENN WIR LIEBEN, SPÜREN WIR, DASS UNSERE LIEBE IN DER OFFENHEIT UND UNSCHULD EINES ENGELS FLIESST. ES IST DIESELBE OFFENHEIT, DIE UNSEREN SCHMERZ ZULÄSST. NUR *AUFGRUND* UNSERER UNSCHULD SIND WIR IN DER LAGE, SCHMERZ SO TIEF ZU FÜHLEN.

Wenn wir tatsächlich alle Engel sind, sind wir sehr kraftvolle Engel. Sowohl unser Zorn und unsere Wut als auch unsere Liebe und unser Mitgefühl bestätigen dies gewiss! Diese Gefühle zeigen uns, wie tief wir fühlen können und wie viel positive oder negative Energie wir in all das fließen lassen können, was uns mit Leidenschaft erfüllt.

Wenn ich Massen wütender Menschen auf den Straßen eines Landes sehe, die genau das zerstören oder sogar töten, das ihnen wichtig ist, denke ich mir oft: „Was für wütende Engel!" Es lässt sich nicht verleugnen, dass wir aus irgendeinem Grund seelischen Schmerz empfinden können wie kein anderes Geschöpf - ob du nun glaubst oder nicht, dass wir Engel sind. Wenn wir solchen Schmerz empfinden, ist Segen der Schlüssel zur Heilung.

Manchmal stellt das Leben den Glauben der liebesfähigsten und frommsten Menschen hart auf die Probe. Nach der Tragödie an der Schule von Beslan im Jahr 2004 äußerte sich der Erzbischof von Canterbury in Bezug auf seinen Glauben und sein Vertrauen zu Gott folgendermaßen: „Wenn man die Intensität der Energie betrachtet, mit der Menschen ein solches Verbrechen begehen, kommt in der Tat ein Funken Zweifel auf. Ich denke, jede andere Reaktion wäre nicht menschlich."[1]

Obwohl wir davon ausgehen können, dass es spirituelle Gründe für die Tragödien auf der Welt gibt, müssen wir trotz allem einen Weg finden, den Sinn in ihnen zu sehen. Das Gebet ist oft das beste Heilmittel, um den Schmerz einer Tragödie zu lindern. Wenn die großen spirituellen Meister uns dazu einladen, die Verletzungen des Lebens durch Beten zu heilen, müssen wir uns die klare Frage stellen: Wie sollen wir „positive" Gebete finden, wenn wir zornig und verletzt sind und einfach nur wollen, dass der Schmerz aufhört? Erst wenn wir verstehen, wie das Beten funktioniert, erhalten wir die Antwort auf genau diese Frage.

Mehr als 1900 Jahre bevor westliche Wissenschaftler das Energiefeld anerkannten, das alles verbindet, beschrieben alte Gelehrte und indigene Heiler das „Netz der Schöpfung" in der Sprache ihrer Zeit. In der Hopi-Kultur beispielsweise schildert das alte Lied der Schöpfung eine Zeit, in der die Menschen auf der Erde sich daran erinnern werden, dass die weibliche Energie der Spinnenfrau das Netz ist, das das Universum vereint. Die buddhistischen Sutras erzählen von einem Ort, „weit entfernt im himmlischen des Reich Gottes Indra", wo das „wunderbare Netz", das uns mit dem Universum vereint, seinen wahren Ursprung hat.

Es wird deutlich, dass die Vorstellung einer vereinenden Kraft, die alles zusammenhält, von allen geteilt wurde. Wenn die Alten wussten, dass das Feld existiert, ist es dann auch möglich, dass sie wussten, wie man es gebraucht? Welche Geheimnisse kannten unsere Vorfahren damals, die heute bei uns in Vergessenheiten geraten sind? Die Menschen vor unserer Zeit haben in ihren Texten, Überlieferungen und auf Tempelwänden nichts Geringeres als die Beschreibung eines Quantenprinzips hinterlassen, die wir heute gerade erst beginnen zu verstehen. Mit dieser Beschreibung gaben sie uns genaue Anweisungen, um die „wunderschönen wie auch wilden Kräfte" des Betens, wie sie der Heilige Franziskus bezeichnet, in unser Leben einzubringen. Der Schlüssel dazu liegt an einem Ort, der dich sehr überraschen mag!

Das Geheimnis des Zwischenraumes

Es gibt eine Kraft, die im „Zwischenraum" lebt, in dem speziellen, subtilen Moment, wenn das eine endet und das andere noch nicht begonnen hat. Ob es um Geburt und Tod einer Galaxie, Beginn und Ende einer Karriere oder einer Beziehung oder gar das einfache Ein- und Ausatmen geht, bleibt die Schöpfung eine Geschichte von Anfang und Ende, Expansion und Kontraktion, Leben und Tod.

Unhabhängig von der Zeitspanne gibt es zwischen dem Anfang und dem Ende einen Moment, in dem weder das eine noch das andere vollständig stattgefunden hat. Das ist der Moment, in dem sich Magie und Wunder vollziehen! In diesem „Zwischen"-Raum sind alle Möglichkeiten vorhanden, und es wurde noch keine gewählt. In diesem Raum wird uns die Kraft gegeben, unseren Körper zu heilen, unser Leben zu ändern und Frieden in die Welt zu tragen. Alle Ereignisse haben ihren Ursprung in diesem kraftvollen, magischen Moment.

Das Geheimnis und die Möglichkeiten dieses Raumes, der zwei Ereignisse miteinander verbindet, wurden in den weisen Kulturen unserer Vergangenheit lange in Ehren gehalten.

Die Indianer Nordamerikas sagen beispielsweise, dass die Erde zwei Mal am Tag in solche mystischen Reiche eintaucht. Ein solches Reich finden wir, *direkt* nachdem die Sonne hinter dem Horizont verschwunden ist und genau *bevor* die Dunkelheit der Nacht hereinbricht. Das zweite Reich entsteht exakt in dem Augenblick, *bevor* die Sonne am Morgenhimmel sichtbar wird, *nach* dem dunkelsten Teil der Nacht.

Beide Male handelt es sich um Momente des Zwielichts – es ist weder vollkommener Tag noch vollkommene Nacht. In dieser Zeit, so die alten Kulturen, kommt es zu einer Öffnung, in der echte Wahrheit und tiefe Heilung möglich werden und in der die Gebete ihre stärkste Kraft entfalten.

In seinem klassischen Werk *Eine andere Wirklichkeit* bezeichnet der Anthropologe Carlos Castaneda diese Öffnung als „einen Spalt zwischen den Welten" und beschreibt diesen als einen Eintrittspunkt in die unsichtbaren Reiche von Geistern, Dämonen und Mächten.

Moderne Wissenschaftler bestätigen die Kraft eines solchen Raumes. Bei ihnen geht es allerdings weniger um Tag, Nacht oder Zeit als vielmehr um die Materie, aus der unsere Welt besteht. Aus der Perspektive eines Wissenschaftlers ist das, was wir als die grobstoffliche Welt um uns herum betrachten, alles andere als grobstofflich!

Bei einem Film auf der Kinoleinwand wissen wir beispielsweise, dass die Geschichte, die wir sehen, Illusion ist. Die Romantik und Tragik, die unser Herz ergreifen, sind in Wirklichkeit nur das Ergebnis vieler Bilder, die in schneller Abfolge nacheinander abgespult werden, um das *Gefühl* einer kontinuierlichen Geschichte zu erzeugen. Während die Augen die einzelnen Bilder sehen, setzt das Gehirn sie zu dem Ganzen zusammen, das wir als ununterbrochenen Film wahrnehmen.

Quantenphysiker haben festgestellt, dass unsere Welt auf ziemlich ähnliche Weise funktioniert. Zum Beispiel ist das, was wir in der Sportschau als Elfmeter bei einem Fußballspiel oder als dreifachen Axel beim Eiskunstlauf sehen, in der Quantenterminologie vielmehr eine Serie einzelner Ereignisse, die sehr schnell und direkt nacheinander ablaufen. Ähnlich wie mehrere zusammengefügte Bilder einen Film real erscheinen lassen, läuft das Leben in Form von schnellen, kurzen Lichtblitzen ab, die man als Quanten bezeichnet. Die

Quanten des Lebens erfolgen so schnell, dass unser Gehirn, sofern es nicht dazu trainiert wurde, sich anders zu verhalten (wie es zum Beispiel in einigen Arten der Meditation der Fall ist), einen Mittelwert aus den Impulsen bildet, um die fortlaufende Handlung, die wir z.B. als Sportschau sehen, zu ermöglichen.

In dieser sehr schlichten Erklärung des Lebens finden wir auch den Schlüssel zu unserer Heilung. Zwischen dem Ende eines Lichtblitzes und dem Beginn des nächsten muss es definitiv einen Zwischenraum geben. In diesem Raum besteht einen sehr kurzen Moment lang ein perfektes Gleichgewicht, in dem nichts geschieht. Die Ereignisse, die den Lichtblitz verursacht haben, sind abgeschlossen, und die neuen haben noch nicht begonnen. In dem Raum von „Nichts" sind alle Szenarien von Leben und Tod, Leid und Heilung, Krieg und Frieden als Möglichkeiten und Potenziale vorhanden. In diesem Raum werden Gefühle und Gebete zu Lebensplänen.

Ausschlaggebend ist, dass unser emotionaler Zustand *während* des Betens die Art von Plan bestimmt, den wir erstellen. Da wir wissen, dass das Feld eine Widerspiegelung unserer inneren Überzeugungen ist, müssen wir einen Weg finden, uns von Schmerz und Wut freizumachen, *bevor* wir beten. Wenn wir darüber nachdenken, ist das vollkommen logisch. Wie sollen wir wohl vom Geist Gottes erwarten, Heilung und Frieden widerzuspiegeln, wenn wir selbst Angst und Schmerz empfinden? Wie können wir aber bei so kraftvollen Emotionen wie Wut, Frustration, Eifersucht und Schmerz etwas anderes empfinden, damit unsere Gebete ihre stärkste Kraft entfalten? Wie lassen wir unsere „negativen" Gefühle außen vor, wenn wir den kraftvollen Zwischenraum betreten?

Um diese Frage zu beantworten, wenden wir uns noch einmal den weisen Überlieferungen unserer Ahnen zu.

Rumis Feld jenseits der Urteile

Die Verfasser der Schriftrollen von Qumran sprechen dem Zwischenraum zweifellos stärkste Kraft zu. Im *Friedensevangelium der Essener* wird darauf hingewiesen: „Und im Augenblick zwischen Einatmen und Ausatmen liegen alle Mysterien des Unendlichen Gartens verborgen ..." Wie auch andere Kulturen haben uns die Essener in ihren umfangreichen Lehren Anweisungen hinterlassen, wie man den Zwischenraum benutzt, um sich auf das Beten vorzubereiten.

Sie beschreiben genau, wie wir unseren Verstand, unser Herz und unseren Körper vorbereiten können, *bevor* wir mit dem Beten beginnen. Selbst wenn es nur für einen Moment ist, werden wir dazu eingeladen, einen Raum zu schaffen, der unsere Urteile, Ängste und Verletzungen vorübergehend ausschließt. Aus diesem

neutralen Zustand heraus können wir aus einer Klarheit und Stärke heraus beten anstatt aus einem Zustand von Vernebelung und Werturteil, der sich auf Schmerz gründet. So ist uns gestattet, in einem Zustand des Bewusstseins in unseren heiligen Dialog mit dem Geist Gottes zu treten und somit den größten Nutzen für unser Leben aus dem Gebet zu ziehen.

Mit Worten, die ebenso schön wie schlicht sind, lädt uns der Sufi-Dichter Rumi dazu ein, ihn an diesen neutralen Ort zu begleiten, sobald wir ihn in uns selbst entdeckt haben. Er spricht seine Einladung in zwei einfachen Sätzen aus: „Jenseits der Vorstellungen von richtig und falsch liegt ein Feld. Ich werde dich dort treffen."[2]

Wie aber gelangen wir an diesen Ort, wenn das Leben uns eine Welt präsentiert, die uns beängstigend und gefährlich erscheint? Die Anweisungen dazu sind sehr genau.

Segen: das emotionale „Gleitmittel"

Heute finden wir den Schlüssel zu Rumis Feld jenseits von richtig und falsch in der Weisheit des Segens. Im Gegensatz zur allgemeinen Vorstellung, dass wir dem, was wir segnen, den Stempel unserer Zustimmung aufdrücken, verurteilt diese Art des Segnens keinerlei Handlungen, Umstände oder Ereignisse; auch lehnt sie nichts ab oder ermutigt dazu. Sie stimmt keiner Sichtweise zu und lehnt keine ab. Sie erkennt einfach nur an, was geschehen ist. Der Akt der wertfreien Anerkennung ist die Öffnung, die den Beginn der Heilung ermöglicht.

Wenn wir etwas erleben, das uns so tief verletzt, dass wir reagieren, uns verschließen oder uns abwenden wollen, haben wir die Tendenz, das aufkommende Gefühl zu missachten. So gehen wir mit vielen unserer Erfahrungen um. Wir trennen das Gefühl ab, das mit der jeweiligen Erfahrung verbunden war, und verstecken es irgendwo tief in unserem Inneren, damit es uns nicht noch mehr verletzen kann. Aber der Schmerz verschwindet nicht einfach so. Er bleibt, wo wir ihn speichern. Und zu einem Zeitpunkt, wenn wir es am wenigsten erwarten, findet er einen Weg, wieder hochzukommen, und zwar oftmals in einer Form, die wir uns niemals aussuchen würden. Das geschieht sehr häufig bei Menschen, die beispielsweise durch Krieg, Vergewaltigung, Kindesmissbrauch oder häusliche Gewalt traumatisiert sind.

Die unverhältnismäßig große Wut, die manchmal an die Oberfläche kommt, kann häufig auf den Schock eines früheren Erlebnisses zurückgeführt werden, das zu jenem Zeitpunkt nicht verarbeitet werden konnte. In solchen Fällen kann der harmlose und unbedachte Kommentar eines anderen Menschen zum Auslöser werden, der die alte Verletzung hochkommen lässt.

Unsere Fähigkeit, uns zu verschließen, ist ein Verteidigungsmechanismus. Er erlaubt uns, unser Leben weiterzuführen, ohne sofort mit dem unmittelbaren Schmerz, der unsere Seele erschüttert, umgehen zu müssen. Doch die Gefühle, die zu jenem früheren Zeitpunkt entstanden sind, bleiben in uns, auch wenn wir sie vergraben haben. Tim Laurence sieht die Annahme von Schmerz als einen unbequemen, aber notwendigen Schritt zur Heilung. „Es ist ein Prozess der Seelenhygiene", sagt er, „der uns hilft, das Gefühl, schlecht behandelt worden zu sein, zu überwinden."[3]

Manche Menschen meinen vielleicht, dass der Verteidigungsmechanismus, der ihre Gefühle versteckt, so gut funktioniert, dass sie glauben, die Erfahrung verarbeitet zu haben. Sie mögen mitunter sogar glauben, vergessen zu haben, was sie ursprünglich verletzt hat. Der Körper aber vergisst nichts. Studien haben gezeigt, dass DNS und Körperzellen in direkter Kommunikation zu den Gefühlen stehen, die wir bezüglich unseres Lebens haben. Für jedes Gefühl erzeugt der Körper eine passende Chemie. Durch die Ausschüttung lebensfördernder Hormone wie DHEA oder lebensschädlicher wie Kortisol erfahren wir buchstäblich die „Chemie der Liebe" bzw. die „Chemie des Hasses".

Wir wissen intuitiv, dass dies wahr ist, weil wir wissen, dass Freude und Anerkennung einen positiven Einfluss auf unseren Körper haben, indem sie uns energetisieren und uns ein Gefühl von Leichtigkeit schenken, während Wut und Zorn den gegenteiligen Effekt haben. Manche ganzheitlichen Lehren behaupten sogar, dass Krankheiten wie Krebs ein Ausdruck der Körperorgane sind, in denen unerlöste Gefühle wie Zorn, Schmerz und Schuld gespeichert wurden. Auch wenn dies derzeit noch nicht wissenschaftlich belegt werden kann, ist der Zusammenhang von emotionalem Trauma und den Organen, die mit diesem Trauma assoziiert werden, unbestritten und verdient eine weitergehende Erforschung. Wenn wir uns diese Tatsachen vor Augen halten, sieht es so aus, als ob es langfristig negative Auswirkungen geben kann, wenn wir die Dinge, die uns verletzt haben, unter den Tisch kehren.

Vielmehr lohnt es sich, Möglichkeiten zu suchen, um alles, was uns verletzt hat, in neue, für uns hilfreiche Erfahrungen zu transformieren. Wir können das, indem wir den Schmerz annehmen und ihm erlauben, durch unseren Körper hinauszufließen. Und genau an diesem Punkt kommt die Segenskomponente in den Heilungsprozess.

Die Definition von Segen

Segen kann als eine Qualität des Denkens und/oder Fühlens bezeichnet werden, die uns erlaubt, unsere Gefühle in Bezug auf ein Erlebnis, das uns gerade verletzt oder zu einem früheren Zeitpunkt verletzt hat, neu zu definieren. Anders ausgedrückt, ist Segen das „Gleitmittel", das unsere schmerzlichen Gefühle freisetzt und uns hilft, uns einer tieferen Heilung zu öffnen, anstatt unsere Emotionen unerlöst im Körper anzustauen. Um unsere Gefühle in Fluss zu bringen, müssen wir alle Aspekte des Schmerzes annehmen (segnen): die Menschen, die den Schmerz empfinden, die Ursache des Schmerzes, und die Menschen, die seine Auswirkungen erleben.

Bei der Frage, *was* Segen ist, sollte man sich meiner Ansicht nach auch unbedingt darüber klar werden, was Segen *nicht* ist. Wenn wir jemanden segnen, der uns verletzt hat, heißt das nicht, dass wir in Ordnung finden, was passiert ist, oder gerne hätten, dass es nochmals geschieht. Segen vergibt keine Gräueltat und findet auch keine Entschuldigung für zugefügtes Leid. Er erklärt sich weder einverstanden mit einem verletzenden Ereignis noch deutet er an, dass wir es gern noch einmal erleben würden.

Segen befreit uns aber von schmerzlichen Erfahrungen. Er erkennt an, dass ein Ereignis, egal welcher Art, stattgefunden hat. Die Gefühle, die mit dem Ereignis verknüpft sind, fließen dann durch unseren Körper hinaus, statt in ihm stecken zu bleiben. So ist Segen der

Weg zu Rumis Feld jenseits von richtig und falsch. Segen ist der Schlüssel zur Tür des Zwischenraumes. Er lässt unseren Schmerz vorübergehend außen vor, und zwar lange genug, damit wir ihn durch ein anderes Gefühl ersetzen können.

Durch den Akt des Segnens erhältst du die Macht, die tiefsten Verletzungen deines Lebens und deiner unerlösten Gefühle zu heilen. Der Segen ermöglicht dies, ohne diese Gefühle an das ursprüngliche Erlebnis zurückzuführen, den Schmerz wieder aufleben zu lassen oder sich auf die endlose Suche nach dem Grund eines Ereignisses zu machen. Auch wenn jede dieser Möglichkeiten bei manchen Menschen bis zu einem gewissen Grad funktionieren mag, so gibt dir der Akt des Segnens die Kraft, dein Leben zu ändern – und du brauchst keine weiteren Fähigkeiten dazu, als die, die du schon in dir hast. Und das in einem einzigen Augenblick! Wenn wir uns entscheiden und unsere Gebete in voller Kraft und Klarheit und nicht in der Schwäche der Wut und Verletzung ausführen, wird etwas Wunderbares in Gang gesetzt.

Klingt zu einfach, um wahr zu sein? Ein so kraftvolles Werkzeug kann so einfach oder schwierig sein, wie wir es gestalten wollen. Der Grund, weshalb das Segnen so gut wirkt, ist einfach. Es ist unmöglich, etwas zu segnen, wenn man es gleichzeitig verurteilt. Unser Verstand lässt beides auf einmal nicht zu.

Ich lade dich dazu ein, den Prozess des Segnens mit Hilfe der Anweisungen auf den folgenden Seiten auszuprobieren. Denk an eine Person, einen Ort oder ein Ereignis, die bzw. das dir in der Vergangenheit Schmerz zugefügt hat, und wende dann den Prozess an. Du wirst von der Kraft, Effektivität und Einfachheit des alten Geheimnisses des Segnens überrascht sein.

Bevor du segnen kannst . . .

Es gibt allerdings eine Voraussetzung, bevor du einen Menschen oder eine Sache segnen kannst. Um den Segen in deinem Leben anzunehmen, musst du vorher ehrlich und aufrichtig eine Frage beantworten. Du brauchst es weder förmlich noch vor einem anderen zu tun, außer du fühlst dich dabei wohler. Diese Frage ist nur für dich bestimmt, und sie wird dir helfen, deine Konditionierungen bezüglich „richtig" oder „falsch" in deinem Leben zu erkennen.

Die Frage lautet: „Bin ich bereit, meinen Groll oder eine alte Überzeugung, dass jemand für etwas bezahlen oder etwas wieder gutmachen soll, loszulassen?" Mit anderen Worten, bist du bereit, dich von dem Gedanken zu verabschieden, der es rechtfertigt, einem anderen Schmerz zuzufügen, weil er dich verletzt hat?

Wenn du diese Frage mit *Ja* beantworten kannst, steht dem Segnen nichts im Wege, und seine Wirkung wird dir gut tun. Wenn die Antwort *Nein* ist, solltest du herausfinden, weshalb du lieber an einer Überzeugung festhältst, die dich in dem Schmerz einsperrt, von dem du dich zu befreien versuchst.

In der Tradition des Segnens gibt es eindeutig keine richtigen oder falschen Antworten auf diese Fragen. Sie dienen nur dazu, dir vollkommene Klarheit darüber zu vermitteln, wo du in deinem Denkprozess stehst und was du mit deinen Überzeugungen erreichen willst.

Der alte Schlüssel

Obwohl der Akt des Segnens in Konflikt mit dem Glauben einiger Traditionen zu stehen scheint, ist er andererseits sehr eng mit den Lehren einiger großer Meister der Vergangenheit verbunden. Ich empfehle ihn, weil ich persönlich finde, dass er für die meisten Menschen der Weg zu tiefster Heilung in sehr kurzer Zeit ist.

Westliche spirituelle Texte, in denen viel über die Weisheit des Segnens geschrieben stand, wurden entweder abgeändert oder in manchen Fällen sogar völlig zerstört. Heute bleibt uns nichts anderes, als die alten Techniken den „verlorenen" biblischen Büchern zu entnehmen, die in der Mitte des 20sten Jahrhunderts wiederentdeckt wurden. Interessanterweise befindet sich eine der besten Beschreibungen der Kraft der

Urteilslosigkeit in einem der umstrittensten: dem Evangelium nach Thomas, das als Teil der Nag-Hammadi-Bibliothek entdeckt wurde.

Der Kernpunkt in diesem Evangelium ist eine Aufzeichnung verschiedener Dinge, die Jesus den Menschen gesagt hat, die er im Lauf seines Lebens getroffen hat. Wir finden hier ein Gespräch zwischen Jesus und seinen Jüngern über die Geheimnisse von Leben, Tod und Unsterblichkeit. Auf die Frage, welches Schicksal uns in der Zukunft erwarten würde, antwortet er mit einer Erklärung dessen, was er als „Bäume" unseres Daseins bezeichnet, Attribute unseres Lebens, die konstant und dauerhaft sind. „Wer den Frieden bei seiner Erdenmutter (den Bäumen) gefunden hat, wird, niemals den Tod erfahren", sagt er. Einer dieser Bäume ist die Fähigkeit, frei von Urteil zu werden.

In der vertrauten Schönheit, die uns oft in wahrer Weisheit begegnet, beschreibt Jesus den Zustand neutralen Bewusstseins, indem er den Jüngern erzählt, was sie tun müssen, um den Ort der Unsterblichkeit zu betreten, den er „das Königreich" nennt. „Wenn ihr zwei zu eins macht", beginnt er, „und wenn ihr das Innere wie das Äußere und das Äußere wie das Innere und das Göttliche wie das Irdische macht und ihr das Männliche und das Weibliche zu einer Einheit macht (...), dann werdet ihr in das Königreich eintreten."[5] Wir können uns sehr leicht vorstellen, was er gemeint hat. Nur wenn wir über die Unterschiede, die wir bewerten, hinaus sehen können, das heißt, wenn wir in der Lage sind, die Polaritäten, die in der Vergangenheit der Grund aller Getrenntheit waren, aufzulösen, können wir den Zustand erreichen, in dem wir „keinen Tod erfahren werden". Wenn wir richtig und falsch hinter uns lassen können, das Gute und Schlechte, das uns das Leben zeigt, dann finden wir zu unserer stärksten Kraft und wachsen über die Dinge hinaus, die uns verletzt haben. Obwohl unser Verstand weiß, dass diese Dinge auf einer gewissen Ebene existieren könnten, *ist es das Gefühl in unserem Herzen*, das mit dem Geist Gottes spricht ... und dadurch erschaffen kann.

Als Lehrer und Heiler hat uns Jesus damit gezeigt, wie wir unsere Verletzungen durch die Weisheit unseres Herzens transzendieren können. Obwohl auch andere Lehren ähnliche Techniken vorschlagen, sind die von Jesus beschriebenen wohl die klarsten und prägnantesten. Das mag teilweise auf seine Ausbildung bei anderen spirituellen Kulturen zurückzuführen sein.

Thomas legt uns zwar die Essenz der Lehren Jesu dar, bei den modernen Übersetzungen seines Evangeliums bekommen wir allerdings das Gefühl, als würden wir eine für den Reader´s Digest gekürzte Version von Vorstellungen lesen, die viel weitreichender sein dürften.

Im Folgenden findest du eine umfangreiche Erklärung, wie der Segnungsprozess Jesu funktioniert, sowie eine Reihe andere.

Die Anweisungen

In westlichen Überlieferungen der Bibel wird uns einfach nur gesagt, dass wir segnen sollen, ohne wirklich zu erfahren, wie das funktioniert, und ohne zu wissen, aus welchem Grund das Segnen wirkt. Die vielleicht bekanntesten Ausführungen hierzu sind die vertrauten Passagen, in denen Jesus seinen Jüngern erklärt, welche spirituellen Qualitäten ihnen in dieser Welt und in der nächsten am dienlichsten sein werden. „Segnet die, so euch verfluchen und bittet für die, so euch beleidigen."[6] Diese Worte erscheinen uns heute – in einer Welt, in der Gerechtigkeit oft mit Wiedergutmachung verwechselt wird – als seltsam. Wie fremd müssen sie erst den Menschen vor 2000 Jahren vorgekommen sein!

In der überarbeiteten Übersetzung taucht dieses Thema in verschiedenen Variationen in der gesamten Lehre Jesu immer wieder auf. Im Römerbrief beispielsweise lassen die Anweisungen, wie wir auf Anfeindungen reagieren sollen, keinerlei Zweifel an der Absicht der Aussage. „Segnet, die euch verfolgen; segnet und flucht nicht."[7]

Obwohl viele der Lehren Jesu vom Umgang mit Angriffen, verbalen wie auch physischen, handeln, erstreckt sich der Gedanke des Segnens auch auf den Schmerz, den wir empfinden, wenn wir wissen, dass andere verletzt werden. Wenn wir etwas erleben, das schmerzlich für uns ist, gibt es drei Orte, an denen sich

Schmerz bemerkbar macht. Auch wenn der eine oder andere davon leichter zu erreichen ist, müssen dennoch alle drei gewürdigt werden, damit das Segnen funktionieren kann. Das ist die Kraft des Segnens: Sie lässt die alte Denkmusterfalle von richtig und falsch nicht mehr zuschnappen, sondern erhebt uns darüber.

„Warum in aller Welt", magst du dich fragen, „sollte ich segnen, was mich verletzt hat?" Das ist eine wichtige Frage, die ich mir selbst gestellt habe, als ich die Kraft des Segnens für mich entdeckte. Die Antwort ist klar und unglaublich einfach. Wir haben zwei Möglichkeiten, mit den Verletzungen des Lebens umzugehen: Entweder wir verbergen und vergraben sie und erlauben ihnen, uns alles zu rauben, was uns wichtig ist, bis sie uns schließlich zerstören, oder wir nehmen die Heilung an, die aus der Annahme der Verletzungen kommt, und machen einen Schritt nach vorne in ein gesundes, vitales Leben. Ich persönlich glaube, dass dies die Absicht der Erklärung, die sich an einer Stelle des Evangeliums nach Thomas findet: „Das, was ihr habt, wird euch retten, wenn ihr es in euch selbst hervorgebracht habt; falls ihr jenes nicht in euch habt, wird das, was ihr nicht in euch habt, euch töten."

Die Herausforderung und zugleich die Belohnung für die Anwendung dieses Prinzips in unserem Leben kann am besten mit den Worten des Heiligen Franziskus zusammengefasst werden. Er sagte über sein Leben: „Es war einfach, Gott in allem Schönen zu lieben. Die tieferen Lektionen jedoch brachten mich dazu, Gott in allen Dingen zu erfassen." Damit sind sowohl die hässlichen wie auch die schönen Erfahrungen gemeint. Wir haben die Wahl. Wenn wir uns für die Heilung entscheiden, ist Segnen der Weg dorthin. Wenn wir uns entschließen, in unserem Leben zu segnen, gibt es normalerweise in jeder Situation drei Aspekte oder Gruppen von Menschen, die gesegnet werden müssen. Obwohl es immer Ausnahmen gibt, müssen wir in der Regel die Menschen segnen, die leiden, den Grund des Leids, und die, die das Leid miterleben. Alle drei werden an dieser Stelle kurz erläutert:

Segnen der Menschen, die leiden:

Als Erstes richten wir unseren Segen auf das sichtbarste Leid derer, die verletzt wurden. In manchen Fällen, wie dem 11. September und der Tragödie von Beslan, mögen größere Entfernungen zwischen uns und den Betroffenen stehen, die einen unermesslichen Verlust erlitten haben. In anderen Fällen, beispielsweise bei gebrochenen Versprechen oder Vertrauensbruch durch eine geliebte Person, kann das Leid direkt vor unserer Haustür stehen, weil wir diejenigen sind, die leiden. Auf jeden Fall ist dies der einfachste Teil des Segnungsprozesses, diejenigen zu segnen, die Ziel des Leids sind.

Segnen, was das Leid hervorgerufen hat:

Für manche ist dies der schwierigste Teil. Für andere wiederum steht das Segnen von Menschen oder Dingen, die uns Kummer bringen, uns verletzen und uns das nehmen, was uns am wichtigsten ist, in völligem Einklang mit der Tradition, in der sie aufgewachsen sind, sodass sie es fast wie eine zweite Natur empfinden.

An dieser Stelle wird die Kraft des Segens sehr real für unser Leben. Wenn wir sie in uns entdecken und Menschen oder Situationen segnen können, die uns verletzt haben, werden wir zu neuen Menschen. Es bedarf großer Stärke, um über dem „Richtig" oder „Falsch" eines Ereignisses zu stehen und sich sagen zu können: „Heute bin ich mehr als der Schmerz meiner Vergangenheit."

Ich habe Menschen getroffen, die mir sagten: „Ich werde die Sache mit dem Segnen nur ein einziges Mal machen, und nur, wenn keiner dabei ist, denn meine Freunde würden diese Denkweise nie verstehen. Und wenn mir das, was da passiert, nicht gefällt", fuhren sie fort, „dann mach ich eben weiter mit dem Gefühl von Hass und Neid, das bisher für mich o. k. war."

„Prima!", antwortete ich. „Ein Mal reicht völlig aus." Ich habe aus einem einzigen Grund vollstes Vertrauen in meine Antwort. In dem Moment – in dem einen einzigen Augenblick –, in dem wir dem Segen die Tür öffnen, verändern wir uns innerlich. Etwas verlagert sich. Nach dieser Veränderung kann man nie mehr zurück ... und warum sollte man auch? Warum sollten wir uns für Dinge entscheiden, die uns langfristig verletzen, wenn wir stattdessen Gefühle in unserem Herzen tragen können, die uns heilen? Auch wenn du es nur einmal

versuchst, um anschließend wieder zum Gewohnten zurückzukehren, du musst in jedem Fall alle Aspekte deines Erlebnisses mit einbeziehen, damit der Segnungsprozess funktionieren kann, einschließlich der Menschen, der Orte und der Dinge, die du am wenigsten magst, und die deine größte Wut in dir auslösen.

Segnen von Menschen, die das Ereignis, das den Schmerz verursacht hat, miterleben:
Dieser Teil der Segnung bleibt leicht unbeachtet. Außer den Menschen, die vom Leid betroffen sind, und denen, die es verursacht haben, gibt es auch noch diejenigen, die mit dem umgehen müssen, was davon übrig bleibt. Das sind wir! Wir, die wir zurückbleiben, müssen uns mit dem Mord an Zivilisten und unschuldigen Kindern in Kriegszeiten aussöhnen, mit der Gewalt an Frauen in vielen Völkern und den Nachwehen zerbrochener Beziehungen und zerrütteter Familien.

Obwohl man sich selbst leicht vergisst, wenn ein anderer Mensch leidet, sind es auch unsere Reaktionen und die Gefühle, *die in uns zurückbleiben*, die die Botschaft festlegen, die wir dem Geist Gottes schicken, wenn wir eine Tragödie verfolgen.

Letztlich ist es die Art, wie wir sowohl als Individuen als auch als Kollektiv empfinden, die den leeren Raum des Bewusstseins füllt, gleichgültig ob es in kleinerem Rahmen, wie dem einer Familie, oder in einem größeren, wie dem weltweiten Geschehen, ist. Segne uns in unserer Anteilnahme!

Eine Vorlage für den Prozess des Segnens

Der Schlüssel dazu, Segen zu bekommen, ist, ihn zu schenken.

Finde zunächst einen Ort, an den du dich ungestört zurückziehen kannst und niemand zuhören kann. Sprich nun den folgenden Satz laut aus:

- „Ich segne_____."
  [Setze hier den/die Namen der Person(en) ein, die leidet/leiden oder gelitten hat/haben.]

- „Ich segne_____."
  [Setze hier den/die Namen derer ein, die den Schmerz verursacht haben. Sei dabei so Präzise wie möglich.]

- „Ich segne mich selbst in meiner Anteilnahme."

Fahre mit dem Segnen fort!

Meine Erfahrung mit der oben beschriebenen Vorgehensweise ist, dass man es manchmal ein oder zwei Mal probieren muss, bis der Prozess wirklich funktioniert. Der Grund dafür ist leicht zu verstehen. Um auf dieser Welt überleben zu können, haben wir alle gelernt, unsere Verletzungen geschickt vor anderen zu verschließen. Manchmal beherrschen wir das so perfekt, dass selbst wir vergessen, wo wir sie versteckt haben. Sei bitte nicht enttäuscht, wenn es die ersten paar Male so aussieht, als ob deine Segnung nicht funktioniert. Vielleicht braucht es eine paar Wiederholungen, bis dein Schutzpanzer durchdrungen werden kann.

Segne also stetig weiter. Sprich deinen Segen laut aus. Wiederhole ihn. Und dann wiederhole ihn noch einmal. Verwende genaue Namen, Organisationen, Menschen und Daten, jedes Mal, wenn du diejenigen benennst, die den Schmerz verursacht haben, den du segnen willst. Je genauer du dabei bist, umso klarer wird der Zugriff auf die Erinnerung, die dein Körper in Verbindung mit dem Schmerz gespeichert hat. Wiederhole deine Segnung, bis du Wärme in deinem Körper fühlst, der sich von deiner Magengrube aus ausbreitet. Sie wird während des Prozesses aufsteigen und sich in deinem gesamten Körper ausweiten.

Sei nicht überrascht, wenn du in Tränen ausbrichst. Das ist die Art, wie der Segen unseren Schmerz erlöst und ihm ermöglicht, durch unseren Körper hinaus zu fließen. Wenn du das Gefühl hast, deine Segnung sei abgeschlossen, fühlt sich die Welt anders an. Obwohl der Grund für deinen Schmerz noch immer existiert, empfindest du ihn nun anders. Das ist die Kraft des Segens. Man kann es nicht mit Worten beschreiben, du musst es erleben, um seine Wirkung zu verstehen.

Ich kenne Menschen, die die Kraft des Segens erkannt haben und seither alles und jeden segnen, der ihnen begegnet! Ob es nun streunende Hunde sind, die auf dem Bürgersteig schlafen, oder es sich um ein Ereignis handelt, das sie in den Nachrichten sehen, segnen sie mehrmals am Tag alles beinahe schon „beiläufig". Wenn diese Menschen neben mir im Auto sitzen und ein Krankenwagen an uns vorbeifährt, entweder auf dem Weg zur Klinik oder gerade von dort kommend, oder wenn jemand auf einer schmalen Bergstraße trotz des Überholverbotes rücksichtslos an uns vorbeifährt, ist das Segnen schon zu ihrer zweiten Natur geworden. Es ist schon fast Automatismus, so wie wir manchmal „Gott segne dich" sagen, wenn jemand niest. Wundere dich nicht, wenn dieses „zufällige Segnen" bald auch in deinem Leben Einzug hält!

Im letzten Abschnitt fragte ich, wie man positiv beten kann, wenn man noch immer negative Emotionen wie Traurigkeit, Wut, Hass und Rachegelüste in sich trägt. Eines der Geheimnisse der weisen Kulturen ist, dass unsere Gebete am effektivsten sind, wenn wir uns vorher eine Zeit lang auf sie vorbereiten, mit unserem ganzen Wesen, geistig, körperlich und spirituell, um dann in die heilige Kommunikation mit dem Geist Gottes treten zu können. Wenn uns das Feld widerspiegelt, wozu wir uns entwickelt haben, dann wird es für uns wichtiger denn je, uns, wie es die Indianer bezeichnen, „an einem guten Platz" zu befinden, wenn wir um die Heilung unseres Schmerzes bitten. Das alte Geschenk des Segens ebnet uns den Weg, um aus einer Position der Stärke und Klarheit heraus zu beten, anstatt einer Position der Schwäche und Ungewissheit. Anweisungen sind sicher nützlich und interessant, ich finde jedoch, dass der Lerneffekt aus den eigenen Erfahrungen am größten ist. Je realer die Geschichte, umso mehr ergibt das Beispiel einen Sinn. Die folgende Geschichte beschreibt meine erste eigene Erfahrung mit dem Segnen bei einem persönlichen Verlust. Obwohl sich dieses Ereignis verglichen mit den wirklich „großen" Verlusten auf der Welt weniger bedeutungsvoll ausnehmen mag, war zu dem Zeitpunkt, als es eintrat, der Segen das, was mir geholfen hat, mit dem Verlust eines lieben Freundes fertig zu werden. Und dieses Beispiel könnte vielleicht auch dir helfen, mit deinen eigenen Verlusten umzugehen.

Segnen bei Verlust

Einige meiner erfüllendsten Beziehungen waren die zu Tieren. Ich leitete zu Beginn des Jahres 1990 ein Seminar in einem Gasthof im kalifornischen Mount Shasta. Ein kleines schwarzes Kätzchen lief durch die Gänge des Gebäudes, fand seinen Weg in mein Zimmer und in mein Herz und verschwand nie wieder daraus. Mein neuer Freund war fünf Wochen zuvor auf die Welt gekommen. Es war der erste Wurf seiner Mutter, und sie konnte ihre Jungen nicht versorgen. Als die Angestellten des Gasthofs die Lage irgendwann erfasst hatten, dachten sie, die kleinen Welpen seien alle gestorben. Ein paar Tage später jedoch geschah ein kleines Wunder. Die Katzenmutter kroch aus ihrem Versteck und trug ein kleines Häufchen Fell und Knochen im Maul, das die ganze Zeit über ohne Nahrung überlebt hatte! Sofort begann das Personal, das kleine Tier zu pflegen und zu versorgen, sodass es am Leben blieb. In Anerkennung seiner magischen Überlebensfähigkeit und seines starken Lebenswillens nannten sie ihn Merlin.

Nachdem Merlin an diesem Abend nun mein Zimmer gefunden hatte, miaute und schnurrte er so lange an der Tür, bis meine Tierliebe siegte und ich ihn hereinließ. Während der ganzen Woche, die das Seminar dauerte, schlief er jede Nacht bei mir und leistete mir jeden Morgen Gesellschaft beim Frühstück auf dem Zimmer. Er sah mir beim Rasieren zu und lief stolz über meine Diabilder (das war noch vor der Zeit von PowerPoint!), während ich sie für den nächsten Tag vorbereitete. Jeden Tag stand er auf dem Badewannenrand, während ich duschte, und fing mit seiner kleinen Schnauze die Wassertropfen auf, die von meinem Körper abprallten. Am Ende dieser Woche waren Merlin und ich gute Freunde geworden, und ich fühlte mich dem kleinen Wunder mit dem großen Lebenswillen unglaublich verbunden.

Bald saßen Merlin und ich zusammen in meinem Auto und fuhren quer durch das ganze Land zu meinem Haus im Wüstenhochland des nördlichen New Mexico. Er wurde bald zu meiner Familie, und in den kommenden drei Jahren war er jeden Abend dabei, wenn ich Essen machte, und döste neben meinem alten Apple Computer, während ich mein erstes Buch schrieb.

Eines Abends verließ Merlin das Haus, so wie er es immer um dieselbe Zeit tat, und ich sah ihn nie wieder. Es war im Sommer 1994, in der Woche, als ein gewaltiger Komet auf dem Jupiter einschlug. Zunächst dachte ich, er wäre auf Entdeckungstour gegangen, wie Katzen es manchmal tun, und ich würde ihn bald wieder sehen. Es kann sein, dass Merlin durch die Wüste streifte und die Magnetlinien der Erde benutzte, wie es Vögel oder Wale tun – dieselben Felder, die Jupiters außergewöhnliche Auswirkungen auf das Magnetfeld der Erde aus dem Gleichgewicht gebracht hatten. Diese könnten sich verändert und ihn an einen anderen Ort geführt haben. Die Gründe können auch ganz andere gewesen sein. Auf jeden Fall war Merlin weg.

Als er auch nach ein paar Tagen immer noch nicht wieder da war, begann ich, ihn zu suchen. Ich nahm fast eine Woche lang keine Telefongespräche an und arbeitete überhaupt nicht, stattdessen durchstreifte ich die Felder von Taos, New Mexico. War er in eine Falle geraten, die die Farmer für die Kojoten aufgestellt hatten, die ihre Schafe rissen? Vielleicht war er auch in einem alten

Gebäude eingesperrt und konnte nicht raus. Tagelang durchsuchte ich Eulennester und durchforstete jeden Dachsbau und jede Kojotenhöhle, die ich nur finden konnte. Schließlich hielt ich nicht mehr nach Merlin Ausschau, sondern nur noch nach seinen Spuren: seinem Fell und seinem Halsband. Aber alle meine Bemühungen waren erfolglos.

Eines Morgens, als ich kurz vor Sonnenaufgang halbwach vor mich hindöste, bat ich einfach um ein Zeichen. Ich musste wissen, was mit meinem Freund passiert war. Bevor ich die Frage in meinen Gedanken überhaupt zu Ende gestellt hatte, geschah etwas, das es vorher noch nie gegeben hatte und das danach auch nie wieder passierte. Aus dem Dachboden meines Hauses, hörte ich ein Geräusch, das von draußen kam, und dann noch eins und wieder eins. Dann hörte ich das unverwechselbare Heulen von Kojoten, die innerhalb von Sekunden mein gesamtes Grundstück eingekreist hatten, in einer so großen Anzahl, wie ich sie noch nie in dieser Gegend erlebt hatte!

Über einen Zeitraum, der mir vorkam wie Minuten, jaulten und heulten sie, um dann genauso schnell wieder aufzuhören, wie sie begonnen hatten. Mir standen die Tränen in den Augen, als ich laut sagte: „Ich glaube nicht, dass Merlin noch lebt." In diesem Moment wurde mir gezeigt, was mit meinem Freund geschehen war. Ich wusste, dass die Kojoten ihn erwischt hatten und dass ich ihn nie mehr wiedersehen würde.

Später an diesem Tag sah ich überall auf meinem Grundstück Kojoten – am helllichten Tag! Ich hatte natürlich schon vorher einige gesehen, aber sie erschienen immer zum Sonnenuntergang oder kurz vor Sonnenaufgang. Heute waren sie überall, mitten am Tag, einzelne Tiere, zwei oder drei zusammen, Welpen mit ihren Familien, die gemütlich durch die Felder zogen.

Ich erzähle diese Geschichte aus folgendem Grund. Der Verlust Merlins schmerzte mich sehr. In meinem Schmerz hätte ich mir jeden einzelnen Kojoten vornehmen und denken können: „Du bist derjenige, der mir meinen Freund genommen hat." Ich hätte mich mit einem Gewehr auf einen Hügel stellen und einen nach dem anderen erschießen können, bis im ganzen Tal keine Kojoten mehr übrig gewesen wären. Ich hätte all das tun können, aber es hätte nichts geändert. Merlin wäre nicht wiedergekommen. Ich war nicht wütend auf die Kojoten, ich vermisste nur meinen Freund. Ich vermisste seine Persönlichkeit und die Töne, die er von sich gegeben hatte, wenn er sich an eine Motte auf dem Insektenschutzgitter heranpirschte. Ich vermisste die Art, wie er mich von unten angesehen hatte, wenn er im Sommer mit dem Rücken auf die kühlen Fliesen lag.

An diesem Nachmittag fuhr ich auf dem staubigen Kiesweg, der durch das Tal zur Autobahn führt. Auf dieser Fahrt machte ich meine erste Erfahrung mit dem Prozess des Segnens. Ich kurbelte die Fenster hoch, sodass mich niemand hören konnte (auch wenn meilenweit keine Menschenseele zu sehen war), segnete Merlin und sein Ableben und würdigte ihn und all die Freude, die er in mein Leben gebracht hatte. Das war der einfache Teil. Dann begann ich, die Kojoten zu segnen, insbesondere die, die Merlin getötet hatten. Nach kurzer Zeit begann ich sogar, mich auf eine seltsame Weise mit ihnen verwandt zu fühlen. Ich wusste, dass das, was geschehen war, nicht den Hintergrund hatte, mich zu verletzen. Sie hatten nur getan, was Kojoten eben tun! Ich segnete mich selbst beim Versuch zu verstehen, warum die Natur uns manchmal so grausam erscheint.

Anfangs schien nichts zu passieren. Ich war so voller Schmerz, dass ich den Segen einfach nicht in mich hineinlassen konnte. Nach einigen Wiederholungen jedoch setzte die Veränderung ein. Das Gefühl begann als Wärme in meinem Magen, breitete sich in alle Richtungen aus und durchflutete meinen ganzen Körper. Meine Augen füllten sich mit Tränen, und ich fing an, hemmungslos zu schluchzen. Ich fuhr an den Straßenrand und gab meine gesamte Energie in den Prozess des Segnens, bis ich nicht mehr segnen konnte. Ich wusste an diesem Tag, dass die Segnung abgeschlossen war.

Es ist nicht so, dass sich die Welt durch das Segnen verändert. Aber wir verändern uns! In unserer Bereitschaft, anzuerkennen und loszulassen, was immer uns verletzt hat, sieht die Welt anders aus, und wir werden zu stärkeren und gesünderen Menschen. Interessanterweise habe ich durch den Frieden, den ich an diesem Tag mit den

Kojoten geschlossen habe, nie wieder einen von ihnen auf meinem Grundstück gesehen, obwohl ich sie nachts höre. Letztes Jahr sah ich allerdings zum ersten Mal in meinem Leben eine andere Art von Katze: einen echten, lebenden Puma. Und er kroch unter dem Zaun hindurch, um geradewegs über meinen Hinterhof zu spazieren!

Wenn Abwenden nicht ausreicht

Obwohl Merlins Geschichte manchen Menschen unbedeutend erscheinen mag, erzähle ich sie, weil sie wahr und äußerst persönlich ist. Das Prinzip des Segnens, das ich an Merlins Beispiel beschrieben habe, funktioniert bei jedem Schmerz, der dir widerfahren könnte, sowohl im persönlichen Bereich als auch im Allgemeinen. Ich hatte kürzlich die Gelegenheit, die Macht des Segens angesichts eines der beunruhigendsten und erschreckendsten Ereignisse meines Lebens als Erwachsener zu prüfen. Und wieder war der Segen der Schlüssel, der es mir erlaubte, meinen Glauben an die Welt aufrechtzuerhalten, und mir die Kraft gab, zu geloben, dass wir die Welt als einen besseren Ort verlassen werden, als der, auf dem wir heute leben.

Ich merkte, wie sich mein Körper anspannte bei dem, was ich gerade hörte. Ein amerikanischer Zivilist, der im Irak gearbeitet hatte, war gerade hingerichtet worden. Man hatte ihn enthauptet und an einen Straßenrand geworfen, ohne einen Funken Würde oder Respekt, der dem menschlichen Leben normalerweise überall auf der Welt gezollt werden sollte.

Ich war wegen der Vorstellung eines meiner Bücher in Europa, als CNN International über diesen brutalen Mord berichtete. Andere Nachrichtensendungen zeigten auch das Video und die Fotos dieser Hinrichtung, aber CNN hatte sich entschlossen, diesen nicht gleichzutun. Anstelle von tatsächlichen Bildern berichtete der Kommentator jedoch detailliert über das, was er in dem Video gesehen hatte. Da ich ein Mensch mit einer bildhaften Vorstellungskraft bin, war dies wahrscheinlich die weitaus schlechtere Variante, als die Fotos selbst zu sehen. Als ich die verbale Beschreibung der letzten Sekunden im Leben jenes Mannes hörte, ließen mich die Bilder, die in meiner Vorstellung entstanden, in einem sehr erschütterten Zustand zurück, wie es häufig der Fall ist, wenn man derart schockierende Nachrichten erfährt.

Eine der Lektionen, die ich aus den brutalen Exekutionen im Irak sowie aus allen anderen Bildern, die Kriegsschauplätze auf der Welt dokumentieren, gelernt habe, ist, dass ein solches Ausmaß an Leid und Verlust niemals im buchstäblichen Sinn verstanden werden kann. Kein vernünftiger und liebesfähiger Mensch kann einen Sinn in diesen Gräueltaten erkennen, die solche Kriege begleiten. Um das zu tun, müssten wir uns an die Stelle der an den Kampfhandlungen Beteiligten versetzen und so denken wie sie. Dennoch sind diese Ereignisse Teil unserer Welt geworden. Sie sind Realität, sie haben sich wahrhaftig abgespielt.

Wenn ich Seminarteilnehmer frage, wie viele noch genauso häufig wie früher die Nachrichten ansehen, sprechen ihre gehobenen Finger eine klare Sprache. Ohne Ausnahme befinden sich unter allen Teilnehmern immer mehr Menschen, die sich Nachrichtensendungen seltener oder gar nicht mehr ansehen. Auf meine nächste Frage, nämlich dem Grund dafür, antworten sie, dass es sie einfach zu sehr deprimiert und schmerzt. Sie wollen nicht mehr, dass sie und ihre Familien mit grausamen und leidvollen Bildern bombardiert werden und dabei das Gefühl haben, nichts tun zu können, um das Geschehene zu ändern.

Man kann zwar versuchen, die tägliche Berieselung mit grausamen Nachrichten zu umgehen, um sich zu schützen, aber die Entspannung ist nur von kurzer Dauer. Glaube mir, ich habe es wirklich versucht! Ich habe festgestellt, dass es zwar einfach war, in das ländliche Leben einer kleinen Gemeinde einzutauchen, die Ereignisse dich aber auf die eine oder andere Weise einholen. Irgendwann kommen die „großen" Nachrichten bis in den letzten Winkel der Welt: „Hast du schon gehört …" Durch ein Gespräch, einen Zeitschriftenartikel oder eine Schlagzeile werden wir mit den Dingen konfrontiert, die wir eigentlich hatten umgehen wollen.

Was können wir tun, wenn wir uns in solchen Situationen befinden? Einfach wegzusehen, ist nicht die Antwort. Wir können zwar die Bilder unserer Welt nicht ändern, müssen aber lernen, einen adäquaten Platz für sie zu finden, um unser Leben weiterführen zu können. Ob wir unter dem Schmerz auf der Welt leiden oder dem Schmerz, der aus dem Verlust kleinerer Dinge herrührt, die wir geliebt haben, der Segen wirkt in beiden Fällen.

Meine stärksten Erfahrungen mit dem Segen machte ich in Zeiten des Verlustes: vom plötzlichen Tod meines Vaters und unserer unerledigten Beziehung zueinander bis zum Scheitern zweier Ehen und dem Vertrauensbruch durch Menschen, die mir am nächsten standen. Vor diesem Hintergrund bejahe und befürworte ich den Prozess des Segnens aus fester Überzeugung, weil ich weiß, dass er funktioniert.

Mein Gebet ist nun, dass er auch für dich funktioniert und zu einem Freund in Zeiten der Not werden kann.

Viertes Kapitel

Viertes Kapitel

DAS VIERTE GEHEIMNIS:
SCHÖNHEIT IST DER UMWANDLER

Schönheit ist Ewigkeit,
die sich in einem Spiegel anschaut.
Aber ihr seid die Ewigkeit,
und ihr seid der Spiegel.
- Khalil Gibran

SCHÖNHEIT IST MÖGLICHERWEISE EINE DER AM WENIGSTEN VERSTANDENEN UND DENNOCH DIE KRAFTVOLLSTE DER MENSCHLICHEN ERFAHRUNGEN. SEIT ANBEGINN DER GESCHICHTE TANZEN WIR EINEN LANGEN, SELTSAMEN UND MANCHMAL GEFÄHRLICHEN TANZ MIT DIESER MYSTERIÖSEN KRAFT. ALTE AUFZEICHNUNGEN UNSERER IN ALLEN EHREN GEHALTENEN KULTUREN ERZÄHLEN VON DER VERTREIBUNG MÄCHTIGER ENGEL AUS DEM PARADIES AUFGRUND IHRER UNFÄHIGKEIT, DER SCHÖNHEIT DER NEU ERSCHAFFENEN FRAUEN UNSERER SPEZIES ZU WIDERSTEHEN, DEN „TÖCHTERN DES MENSCHEN".

Im Buch Enoch, einem Grundpfeiler der frühen Christlichen Kirche, geht Enoch so weit, die Identität der Obersten Engel in der Hierarchie zu enthüllen, die die 200 anderen anführten, die der Schönheit der irdischen Frauen nicht widerstehen konnten.[1] Diese „perfekten" Wesen, die Namen trugen wie Samyaza, Ramuel und Turel, wussten, dass ein Zusammenleben mit sterblichen Frauen die kosmischen Gesetze verletzen würde. Doch die sinnliche Erfahrung, die sie erwartete, überwog das Risiko, ihre Unsterblichkeit zu verlieren. In späteren biblischen Auslegungen war es die Schönheit einer Frau, Delilah, die zu Liebe, Vertrauen, Betrug und schließlich zum Tod Samsons führte, eines der mächtigsten Männer auf der Welt.

Die Geschichte erzählt von unserer Beziehung zur Schönheit: ihre Macht und Verlockung, die Strecken, die wir zurücklegen, um ihr nachzugehen, unsere Sehnsucht, sie zu gewinnen, unsere Versuche, sie einzufangen, und unseren Glauben, dass wir ihr auf irgendeiner Weise Herr werden können. Und immer schon wurde versucht, die überaus verführerische Qualität dieser menschlichen Erfahrung zu definieren. Was ist Schönheit genau?

Das Mysterium der Schönheit

Schönheit hat für jeden Menschen eine andere Bedeutung. Wenn Menschen gebeten werden, Schönheit zu definieren, basiert ihre Antwort meist auf persönlicher Erfahrung, auf dem, was sie in ihrem eigenem Leben bedeutet hat. Für einen Wissenschaftler mag Schönheit in Form einer eleganten Lösung einer mathematischen Gleichung existieren. Ein Fotograf dagegen könnte Schönheit im Kontrast zwischen Sonnenlicht und Schatten einer bestechenden Aufnahme sehen. Albert Einstein sah Schönheit als Ausdruck einer höheren Ordnung der Schöpfung und sagte zum Beispiel: „Die Musik Mozarts ist so rein und schön, dass ich sie als Widerspiegelung der inneren Schönheit des Universums sehe."

Es ist eindeutig, dass die Erfahrung eines jeden Menschen in Bezug auf Schönheit einzigartig ist. Aus diesem Grund könnte es so viele Definitionen für Schönheit geben, wie es Menschen gibt, die sie erleben! Unabhängig davon, wie wir sie in unserem Leben definieren, ob wir sie als eine Kraft sehen, eine Qualität, eine Bewertung oder eine Wahrnehmung, die Kraft der Schönheit ist unbestritten. In ihrem Beisein werden wir verändert. Obwohl wir offensichtlich nicht genau wissen, was sie ist, ist es gleichzeitig klar, dass wir alles, was wir über die Kraft der Schönheit wissen, anwenden, um Schmerz, Leid und Angst in unserem Leben zu heilen.

Wenn sie, wie alte Kulturen behaupten, Macht auf sich selbst ausübt, ist sie die vielleicht seltsamste unter den Naturkräften. Im Gegensatz zu Schwerkraft und Elektromagnetismus scheint die Kraft der Schönheit zu schlafen, bis wir ihr die nötige Aufmerksamkeit schenken. Obwohl sie die Macht haben kann, unsere Welt zu verändern, ruht diese Kraft, bis sie erweckt wird. Und die Einzigen, die sie erwecken können, sind wir selbst! Als einzige Lebensform, die fähig ist, Schönheit zu erfahren, erwecken wir sie nur dann, wenn wir sie in unserem Leben anerkennen.

Aus dieser Perspektive betrachtet, umfasst Schönheit mehr als die Dinge, die unser Auge erfreuen. Sie ist eine Erfahrung von Herz, Verstand und Seele. Schönheit ist unsere Bereitschaft, die Perfektion in dem zu sehen, was wir als „Unvollkommenheiten" des Lebens bezeichnen. Obwohl uns der Missbrauch unseres Vertrauens anfangs wahrscheinlich schockieren würde, könnte sich ein Teil des Schocks auflösen, wenn wir uns vor Augen halten, dass auch wir andere früher auf verschiedene Weise betrogen haben. Die „Schönheit" eines solchen Moments ist der Ausgleich solcher Erfahrungen, die auf uns zurückkommen, manchmal auf eine Weise, die wir am wenigsten erwartet hätten.

Um Schönheit in jeder unserer Erfahrungen zu finden, müssen wir sie nicht so sehr selbst erschaffen, sondern vielmehr erkennen, dass sie uns bereits umgibt. Schönheit ist immer und in allen Dingen präsent. Man findet sie sogar an Orten, wo man sie nie erwarten würde. In den Momenten, in denen wir in die Tiefe unserer Seele eintauchen, um dort Kraft zu finden, um den Dingen, die uns am meisten verletzt haben, eine neue Bedeutung zu schenken, entdecken wir die große Weisheit, die die alten, weisen Lehrer hinterlassen haben. Diese Weisheit erinnert uns daran, dass die Fähigkeit, Schönheit zu erkennen, eine Entscheidung ist. Die Entscheidung, die wir in jeder Sekunde eines neuen Tages treffen können, ist, ausschließlich das zu betrachten, was uns nur in diesem Augenblick gezeigt wird, und nicht, ein Erlebnis mit einem anderen zu vergleichen. So legen wir in unserem Bewusstsein die Samen, die später zu Stimuli werden, um größere Schönheit in unserem Leben anzuziehen.

Nur wenn wir unsere wirklichen Erlebnisse mit unserer Vorstellung dessen vergleichen, was Schönheit sein sollte, sehen wir alles andere als die Schönheit des Augenblicks.

Die Kultur der Navajo erinnert uns mit einem schlichten Satz an dieses Prinzip: „Die Schönheit, auf die du dein Leben gründest".[2] Wir alle setzen Maßstäbe, anhand derer wir Schönheit in unserem Leben bewerten. Die Frage ist, was benutzt du als Messgerät, um Gleichgewicht, Erfolg oder Misserfolg in deinem Leben festzulegen? Wie sieht deine Messlatte für Schönheit aus?

Schönheit existiert dort, wo wir es zulassen!

Wir standen mit unserer Gruppe auf einem großen, öffentlichen Platz in Kathmandus historischem Viertel. Ich hatte mich daran gewöhnt, ständig angerempelt zu werden; das war in den engen Stadtvierteln unter so vielen Menschen vollkommen normal. Um uns körperlich an die ungewohnt hohe Lage Tibets zu akklimatisieren, hatten wir einen Zweitagesaufenthalt in Nepal eingeplant, dessen Hauptstadt auf ca. 1300 Meter Höhe über NN liegt. Dort konnten wir uns auf das tibetanische Hochland vorbereiten und hatten auch die Zeit, in die Tradition der ältesten hinduistischen Tempel einzutauchen. Ich hätte das leise Ziehen an meinem Hosenbein auch übergehen können. Weil es aber eindeutig mit Absicht geschehen war, tat ich es nicht.

Instinktiv richte ich meinen Blick nach unten, wo es herkam. Ich war nicht vorbereitet auf das, was ich dort sehen sollte. Mich traf der intensive Blick eines Mannes, dessen leicht bärtiges Gesicht mir gerade einmal bis zum Knie reichte. Er wirkte alterslos und betagt zugleich, während der heiße Wind durch seine langen, verworrenen Haarsträhnen wehte, die sich mit seinem Bart vermischten. Die weiße Asche, die traditionell den Körper eines gläubigen Hindus bedeckt, klebte fleckenartig auf seinem feuchten Gesicht. Darunter befand sich ein schwarzer, vernarbter und deformierter Körper, ausgemergelt durch die vielen Jahre, in denen er der erbarmungslosen Höhensonne ausgesetzt gewesen war. Es dauerte einen Moment, bis ich einordnen konnte, was ich erblickte. Als ich unterhalb seiner Taille nach seinen Beinen suchte, sah ich nur ein umgeschlagenes schmutziges Leinentuch und anstelle von Beinen ein kleines Brett mit angeschraubten Rollen. Dieses durch jahrelange Benutzung fleckig und schmutzig gewordene Brett war offenbar sein einziges Fortbewegungsmittel.

Erschrocken trat ich einen Schritt zurück. Ohne die Augen von mir zu lassen, legte der Mann seine Hand-flächen auf die Erde, balancierte sich auf dem Brett aus und schob sich geschickt in meine Richtung. Ich hob meinen Blick, um zu schauen, ob noch andere bemerkten, was sich vor meinen Augen abspielte. Doch die Menschen um mich herum schienen keine Notiz davon zu nehmen!

Der Anblick von überwältigender Armut war während unserer Reise zu einer Alltäglichkeit geworden, und so nahm ich an, dass der Mann ein „Bettler" war, der mich um etwas Geld bitten wollte. Betteln ist in vielen religiösen Kulturen so etwas wie eine anerkannte Tätigkeit für Menschen, die sich der Last familiärer und beruflicher Verpflichtungen entledigt hatten, um sich ganz dem Gebet hinzugeben. Als ich meine Hand in die Tasche steckte, um ihm etwas zu geben, drehte sich der Mann um und zeigte auf das Dach eines alten hinduistischen Tempels auf der gegenüberliegenden Seite des Platzes.

Seiner Geste folgend, starrte ich auf die wunderschöne Holzfassade eines alten Hindutempels. Sie war zum Teil hinter anderen Gebäuden versteckt und in feinster Kleinarbeit über und über mit den tausenden von Göttinnen und Göttern des Hinduismus geschmückt. Wenn der fahle Mann mich nicht auf sie hingewiesen hätte, hätte ich sie völlig übersehen. Wie ich später erfuhr, war sie ein wichtiger Schlüssel zum Verständnis des hinduistischen Glaubens.

Als ich ihm die Geldscheine reichte, machte er eine flüchtige Handbewegung, als ob er eine Fliege verscheuchen wollte, um mir zu zeigen, dass ich das Geld wieder einstecken sollte. Ich drehte mich kurz nach unserem Übersetzer um, gerade noch rechtzeitig, bevor er die Gruppe in eine andere Richtung führen konnte. Als ich mich umsah, war der Mann auf dem Brett nicht mehr da. Ich konnte gerade noch erkennen, wie er auf dem heißen Kopfsteinpflaster zwischen einer Touristenmenge verschwand. Ich sah ihn nie wieder.

Ich erzähle diese Geschichte, weil ich damit einen wichtigen Punkt veranschaulichen möchte.

Weil mir der Mann so andersartig erschien, hatte ich ihn sofort beurteilt. Er hatte zwar einen verkrüppelten und ausgezehrten Körper gehabt, aber an diesem Tag war mir die Schönheit seiner Seele begegnet. Es war nicht Geld, das er wollte. Er wollte etwas mit mir teilen. Er zeigte mir einen Teil seiner Welt, den ich sonst nicht wahrgenommen hätte, und erteilte mir so auch eine

Lektion über meine Bewertungen. Und er lehrte mich, dass man Schönheit nur erleben kann, wenn man sie zulässt.

Es ist interessant, wie das Universum uns Lektionen präsentiert, wenn wir sie am allerwenigsten erwarten! Oft kommen sie, nachdem wir ein intensives Erlebnis hatten, um zu prüfen, ob wir auch wirklich daraus gelernt haben! Das war in Tibet der Fall.

Ein paar Tage nach meinem Erlebnis in Kathmandu brachte uns der Bus in ein Bergdorf und hielt vor einer alten Militärbaracke, die zu einer Herberge für Touristen umfunktioniert worden war. Ein hagerer, ausgemergelter Mann stieg in den Bus und verblüffte die ganze Gruppe. Als er uns ansah, bemerkten wir, dass er alt war, nur noch ein paar Zähne hatte und so stark schielte, dass es schwierig war, Augenkontakt mit ihm zu halten. Zuerst dachten wir, er sei einer der vielen Bettler von der Straße. Aber als jemand aus der Gruppe ihm ein paar chinesische Yuan anbot, lehnte er sie ab. Stattdessen trug er die schwersten Gepäckstücke aus dem Bus, sodass wir uns nicht um sie zu kümmern brauchten.

Nachdem er auch die letzte Tasche ordentlich auf dem Randstein vor der Herberge gestapelt hatte, hatte ich das Bedürfnis, ihm ein Trinkgeld zu geben. Er hatte es auf jeden Fall verdient! Unsere Taschen schienen nach dem Besuch einer jeden neuen Stadt immer schwerer zu werden. Wieder lehnte er ab. Als er zu mir aufsah, schenkte er mir ein breites, zahnloses Lächeln, wandte sich ab, und das war es! Er wollte einfach nur, dass wir uns in seinem Dorf wohlfühlten, und erwartete keine Gegenleistung. Die eigentliche Überraschung erlebte ich jedoch, als ich den Besitzer der Herberge nach seinem Mitarbeiter fragte, der so freundlich zu uns gewesen war. Er antwortete, dass er kein Personal hatte, das beim Tragen des Gepäcks behilflich war. Dieser Mann war einfach jemand aus dem Dorf gewesen, der zufällig in der Nähe der Herberge war, als wir ankamen, und uns seine Hilfe anbot!

Auch hier strahlte die vollkommene innere Schönheit dieses Mannes durch seine „Unvollkommenheiten" und unsere Werturteile hindurch. Er erschien uns als liebevolle Unterstützung und wollte nichts dafür haben. Diesmal hatte jedoch die ganze Gruppe die Gelegenheit, das Geschenk dieses Engels in Tibet entgegenzunehmen.

Wir alle haben die Tendenz, die Eigenheiten des Lebens hin und wieder zu erkennen, insbesondere bei anderen, wenn sie unsere Wege kreuzen. Wenn wir sie dann sehen, wenn wir allein sind, werfen wir ihnen nur einen kurzen Blick zu oder zucken mit den Schultern und gehen weiter. Wenn wir uns aber unter Menschen aufhalten, sprechen wir über unsere Erlebnisse, um unsere unangenehmen Gefühle bezüglich der Eigenheiten der anderen loszuwerden. Wenn wir nun die „Unvollkommenheiten" entdecken, bedeutet das etwa auch, dass wir dazu neigen, alles, das uns nicht ganz perfekt erscheint, als nicht ausreichend schön zu beurteilen?

Eines Tages stand ich mit einem Mietwagen an der Ampel einer Stadt, in der sich Menschen verschiedenster Herkunft und Gestalt und jeglichen Typs tummelten. In der kleinen Ewigkeit, in der ich darauf wartete, dass die Ampel auf Grün umschaltete, war ich vollständig von Menschen umgeben. Während dieses kurzen Zeitraumes bekam ich einen kleinen privaten Überblick über das Leben: sämtliche Frisuren von den 60ern bis zu den 90ern, Body-Art und Piercings, Anzüge, Aktentaschen, Mobiltelefone und die modernste Skaterbekleidung. Mehr Vielfalt auf einem Haufen gab es nirgendwo sonst! Obwohl ich jeden Einzelnen interessant fand, zog vor allem ein Mann meine Aufmerksamkeit auf sich.

Er hatte eine sichtbare neuromuskuläre Erkrankung, die es ihm erschwerte, seine Arme und Beine zu beherrschen. Er war mit einem Anzug bekleidet, trug einen Rucksack und sah aus, als sei er auf dem Weg ins Büro oder käme gerade von dort. Während er an der Ampel wartete, war er bemüht, seine Arme und Beine unter Kontrolle zu halten und ruhig auf einer Stelle zu stehen. Als die Ampel umschaltete, überquerten er und die ganze Schar von Menschen die Straße. Ich bin davon überzeugt, dass es im Leben keine Zufälle gibt, und so nahm ich die Gelegenheit wahr, die sich mir gerade bot, das Gesicht dieses Mannes zu betrachten. Sein Mund verzog sich bei der unbeholfenen Anstrengung, die es ihn kostete, einen Fuß vor den anderen zu setzen. Sein Blick war fokussiert und entschlossen. Für ihn war das Laufen bereits Arbeit, harte Arbeit sogar. Als er in der Menge verschwand, überkam mich ein Gefühl von Dankbarkeit. Ich versuchte mir auszumalen, wie es wohl wäre, wenn er an diesem Tag nicht dort gewesen wäre. Bei dieser Vorstellung vermisste ich ihn. Ich dachte an das, was er mir in diesen wenigen Sekunden geschenkt hatte, diesen Mut, ein Teil dieser Welt zu sein, den er mir durch seine Entschlossenheit gezeigt hatte. Ich überlegte, wie leer diese Momente in meinem Leben gewesen wären, wenn er nicht dort gewesen wäre. Aber er war es. Und so brachte dieser mutige Mann Schönheit in meinen Tag. Ich bekam ein wenig feuchte Augen, als ich mich für seine Anwesenheit bedankte, und dachte: „Ich kann wirklich froh sein, diesen Mann heute gesehen zu haben!"

Versuche es doch selbst einmal

Wenn du dich das nächste Mal auf einem öffentlichen Platz befindest, schau dich in der Menge um, ohne dass es zu sehr auffällt. Dann richte deine Aufmerksamkeit auf eine Person, egal, auf welche. Frage dich, was dich an diesem Menschen am tiefsten berührt. Vielleicht ist es die Arglosigkeit oder das Lächeln. Bei dem Mann, den ich sah, als ich im Auto saß, war es einfach die Art, wie er mit den Herausforderungen seines Lebens umging. Nun schließe deine Augen und stell dir vor, wie es wäre, wenn du nicht wüsstest, dass es diese

Person in deiner Welt geben würde. Denk daran, wie leer dieser Moment gewesen wäre und wie sehr dieser Mensch dir fehlen würde.

Es mag dich überraschen, welch starke Wirkung eine so einfache Übung in einem so kurzen Augenblick haben kann! Jetzt kannst du dieser Person von Herzen danken, dass sie für dich da war und dir eine Lektion über dich selbst erteilt hat.

Die Wahrnehmung, für die wir uns entscheiden

Neben der Schönheit, die von einem Sonnenuntergang inspiriert wird, einem verschneiten Berggipfel oder der Arbeit eines berühmten Künstlers gibt es Quellen von Schönheit, die rein aus der Bedeutung entspringen, die man ihnen beimisst. In diesen Momenten ist es die Art, wie wir das Leben wahrnehmen, die das Gefühl von Schönheit in uns hervorruft. Das Erleben einer menschlichen Geburt bietet ein perfektes Beispiel dafür.

Wenn man der Ankunft eines neuen Lebens in der Welt beiwohnen kann, ist das in jedem Fall eine mystische und magische Erfahrung. Weil man das Ergebnis der Wehen vorher kennt, beeinflusst es die Betrachtungsweise und die Art, wie man den Geburtsvorgang empfindet.

Wenn wir uns aber nur einen Augenblick vorzustellen versuchen, wir kämen aus einer Welt, in der das

Wunder der Geburt eine ungewohnte Erfahrung ist, auf die Erde, könnte es beunruhigend, ja sogar beängstigend sein, einer Geburt beizuwohnen.

Ohne das Wissen, wie es „hier auf der Erde so läuft", würde man beim Beobachten einer Gebärenden in den Wehenphasen in manchem Augenblick eher an den Abschied vom Leben denken. Während einer für die westliche Welt typischen Geburt würden wir zunächst eine Frau mit starken Schmerzen sehen. Ihr Gesicht würde sich bei zunehmender Wehentätigkeit immer mehr verzerren. Blut und Wasser würden aus ihrem Körper fließen. Wie sollte man da ahnen, dass aus den äußerlichen Zeichen von Schmerz, die häufig gleichbedeutend mit dem Tod sind, ein neues Leben entstehen wird? Es hängt alles davon ab, welche Bedeutung man seinen Erfahrungen beimisst.

Eine seltsame Schönheit

An diesem Abend brannte der Himmel. Der lokale Radiosender übertrug nur ein Notprogramm, nannte die Straßen, die gesperrt wurden, berichtete über Evakuierungen und die Ausbreitung des Feuers. Zwei Tage und Nächte lang hatten sich in den Wäldern an der Grenze des Wüstenhochlandes im Zentrum des nördlichen New Mexico so massive Brände entfacht, dass das Feuer zu allem Übel auch noch eigene Winde entstehen ließ, die es noch auf Taos Pueblo, das wohl älteste Dorf der USA, zu treiben. Als ich mich der Stadt näherte, hing ein dichter Nebel in der heißen, schweren Luft, die über dem Tal eingekesselt war. Zwei Tage zuvor hatte nachmittags während eines schweren Gewitters ein einziger Blitz seinen Weg in das ausgetrocknete Gebüsch und Unterholz des Waldbodens gefunden. In nur wenigen Augenblicken standen die Waldhänge in Flammen, und das Feuer bewegte sich mit erschreckender Geschwindigkeit auf die Siedlungen am Fuß der Berge zu.

Obwohl ich wusste, dass es Nachmittag war, war es unmöglich, in dem gespenstischen Zwielicht, das die Gegend einhüllte, eine Tageszeit auszumachen. Aus der Sicherheit meines Fahrzeugs heraus konnte ich den Blick nicht von diesem Schauspiel abwenden. Die Helligkeit der Flammen warf einen merkwürdigen Glanz auf die tiefliegenden Wolken und hüllte alles Darunterliegende in Schattierungen von Rot, Pink und Orange. Als ich meine Hände auf dem Lenkrad ansah, stellte ich fest, dass sogar meine Venen, die sonst eine eher bläuliche Farbe haben, die intensiven Schattierungen der Glut angenommen hatten.

Ich tauchte nur einen kurzen Augenblick in dieses Erlebnis ein und fühlte in diesem Moment, was ich sah, ohne an die zerstörerischen Folgen zu denken, die das Feuer zweifellos haben würde. Ich starrte auf die befremdende Schönheit des Feuers und murmelte: „Das sind die Farben, die Künstler verschiedener Epochen immer wieder versucht haben, auf die Leinwand zu bannen, und hier sind sie nun, in den Horizont gemalt, wie kein menschliches Wesen sie jemals wiedergeben könnte. Wie schön … wie unbeschreiblich schön!"

Plötzlich unterbrach der Radiosprecher meine Gedanken mit einer dringenden Nachricht über eine neue Entwicklung. „Der Wind hat sich gedreht", hörte ich ihn sagen, „und das Feuer kann sich in zwei verschiedene Richtungen ausbreiten. Entweder wird es die Häuser auf der anderen Seite des Berges erreichen, oder auf unsere Seite kommen, nach Taos. Wir würden den Menschen auf der östlichen Seite der Stadt dringend empfehlen, sich auf eine Evakuierung vorzubereiten."

„Die östliche Seite der Stadt! Da bin ich gerade!" In diesem Moment wirkte das Feuer plötzlich ganz anders auf mich.

Noch bevor der Sprecher seinen Satz zu Ende gesprochen hatte, verwandelte sich das Feuer von einem Objekt der Schönheit in eine reale Bedrohung, und ich erkannte, dass es jetzt das Leben von Menschen, Pferden, Vieh und anderen Tieren auf seinem Weg gefährdete. Es war unbeschreiblich erschreckend! Ich dachte sofort an das viele Wild, das häufig vom Feuer eingekreist wird, wenn es sich so schnell ausbreitet. Es gibt mehrere Berichte von verkohlten Körpern von Rehen, Elchen und kleineren Waldbewohnern, die im Flammeninferno und den heißen Winden, dem Rauch und der Hitze die Orientierung verlieren und sich verirren. Und auch

Geschichten von Menschen, die ohne Rücksicht auf ihr Leben andere und deren Besitz retten wollen und dabei plötzlich von den Flammen eingekreist werden, weil das Feuer auf einmal seine Richtung verändert und somit alle Fluchwege abgetrennt hat.

Ich erzähle diese Geschichte, um die Erinnerung an all die Menschen zu ehren, die so hart daran gearbeitet hatten, das Feuer in Taos Pueblo im Jahr 2003 unter Kontrolle zu bringen.[2]

Das Feuer untermauerte ein Prinzip, das vielen alten Kulturen und indigenen Traditionen über mehrere Jahrhunderte heilig war. In der Zeit, als ich die Flammen beobachtete, veränderte sich das Feuer nicht. Es war immer noch dasselbe heiße, wilde und freie Feuer, das es noch vor einigen Momenten gewesen war. Ich war derjenige, der sich verändert hatte. Genauer gesagt, hatte sich die Art verändert, wie ich für das Feuer empfand. Im ersten Moment hatte ich die Flammen als Quelle von Faszination und unbeschreiblicher Schönheit wahrgenommen. Nur wenige Sekunden später wurden dieselben Flammen zu einer Quelle von Besorgnis, aber, um ganz ehrlich zu sein, nicht eines einzigen Quäntchens Angst. Wenn ich nicht gewusst hätte, dass diese Flammen, die bis in den Himmel loderten, zu einer Bedrohung für Häuser und Menschenleben wurden, wären sie für mich weiterhin ein Objekt vollkommener Schönheit geblieben. Aber die Erkenntnis veränderte meine Gefühle zu dem, was ich sah.

Viele Menschen berichteten, dass sie eine ähnliche Erfahrung machten, als sie im Jahr 1986 im Fernsehen die Bilder vom Unglück des Challenger Space Shuttles über dem Osten Floridas sahen. Bis sie wussten, was sie sahen, nahmen die Zuschauer die bauschigen weißen Wolken über Cape Canaveral als Kontrast zum Hintergrund des tiefblauen Himmels über Florida als ein schönes Spektakel einer bewundernswerten Technologie wahr. Sobald sie aber erfuhren, dass ein schrecklicher Fehler passiert war, der die gesamte Besatzung das Leben gekostet hatte, verloren die bauschigen Wolken ihre Schönheit und wurden für eine ganze Nation zum Symbol von Schmerz und Verlust.

Das Prinzip ist sehr einfach: Obwohl wir nicht die Macht haben, zu bestimmen, was in jedem einzelnen Augenblick passiert, haben wir doch die Macht, zu entscheiden, wie wir für das empfinden, was geschieht. Auf diese Weise erhalten wir den Schlüssel, um sogar die schmerzlichsten Erfahrungen in lebensförderndes Wissen umzuwandeln, das zur Grundlage unserer Heilung wird. Während ich das Feuer in Taos beobachtete, veränderte ich innerhalb weniger Sekunden das gesamte Erlebnis nur durch die Art, wie ich dafür empfand.

Die Kraft der Schönheit

Jüngste Entdeckungen der westlichen Wissenschaft unterstreichen nun, dass Schönheit eine umwandelnde Kraft ist. Mehr als nur eine Eigenschaft, die die Farben eines Sonnenuntergangs oder eines Regenbogens nach einem spätsommerlichen Gewitter beschreibt, ist Schönheit eine Erfahrung – genauer gesagt, unsere Erfahrung. Man geht davon aus, dass der Mensch die einzige auf der Erde lebende Spezies ist, die die Fähigkeit besitzt, Schönheit in ihrer Welt und ihrem Leben wahrzunehmen. Durch unsere Erfahrung von Schönheit bekommen wir die Macht, die Gefühle in unserem Körper zu verändern. Unsere Gefühle sind ihrerseits wieder mit der Welt außerhalb unseres Körpers verbunden.

Die Alten glaubten, dass das Gefühl, insbesondere die Art von Gefühl, die wir als Gebet bezeichnen, die einzige wirklich große Kraft im Universum ist. Wie wir schon festgestellt haben, beeinflussen Gefühl und Gebet auf unmittelbare Weise die physische Ebene unserer Welt. Wenn wir also sagen, dass Schönheit die Macht hat, unser Leben zu verändern, ist es auch nicht übertrieben zu sagen, dass dieselbe Schönheit die Macht hat, unsere Welt zu verändern!

Einzig müssen wir einen Weg finden, über Verletzung, Leid und Schmerz, mit denen wir auf der Welt konfrontiert werden, hinwegzusehen und die Schönheit zu erkennen, die in allen Dingen existiert. Nur dann werden wir das gesamte Potenzial des Gebets in unserem Leben entfesseln können – und auch seine Kraft in unserem Leben.

Die Schönheit in Dingen sehen, die andere nicht darin erkennen

Als Unterstützung auf unserer Suche nach einem Sinn hinter jeder Existenz, sind uns die großen Lehrer der Vergangenheit und der Gegenwart lebende Beispiele. Vor einigen Jahren verlor die Welt ein solches Beispiel: Mutter Teresa. Diese „Mutter", wie die Menschen in ihrer Umgebung diese großartige Frau nannten, streifte durch die Straßen von Kalkutta, wo sie lebte, und fand Schönheit an Orten, an denen kaum ein Mensch sie auch nur annähernd vermuten würde. Im Müll und Schmutz der Gossen, im Gestank und Zerfall faulender Lebensmittel und undefinierbarer Kadaver auf den Wegen, sah sie einen Misthaufen. Sie erkannte eine Blume, die auf diesem Misthaufen wuchs. In dieser Blume fand sie Leben und in diesem Leben Schönheit auf den Straßen dieser Stadt.

Ohne Zweifel glauben Lehrer wie Mutter Teresa, dass Schönheit einfach existiert. Sie ist überall und allgegenwärtig. Unsere Rolle ist es, diese Schönheit zu entdecken. Das Leben ist unsere Gelegenheit, sie zu finden und ihr zu erlauben, in all unserem Erleben, sowohl tiefstem Schmerz als auch höchster Freude, zum

Maßstab zu werden. Durch ihren eisernen Willen und ihre Entschlossenheit wandte Mutter Teresa die schlichte Eleganz ihrer Überzeugungen im Leben an und veränderte für immer das alte Stigma der sogenannten Unberührbaren, der kranken und sterbenden Menschen auf Indiens Straßen. Ohne sie als „minderwertiger" als andere zu beurteilen, gingen sie und ihre freiwilligen Hilfsschwestern auf die Straßen, um die Menschen zu suchen, die sie die „Kinder Gottes" nannten. Die Schwestern, die aufgrund der indischen Kultur von der Gesellschaft, und häufig sogar von der eigenen Familie, geächtet wurden, brachten diese Menschen in Hospize, die sie gegründet hatten, um ihnen in ihren letzten Stunden Würde und Ungestörtheit zu schenken.

Die Schwestern führen ihre Mission bis zum heutigen Tag fort. Ich habe ihre Einrichtung einmal besucht und festgestellt, dass diese Frauen einen edlen Dienst leisten, zu dem die wenigsten Menschen den Willen und die emotionale Stärke hätten. Sie sind wahre Engel auf dieser Erde.

Ich denke oft an Mutter Teresa und die Schwestern, und ich weiß, dass wenn sie Schönheit in den Straßen Kalkuttas finden können, auch ich überall, wo ich mich gerade aufhalte, Schönheit erkennen kann.

Das ist die Kraft der Schönheit. Ihre Anwendung ist eindeutig, die Anweisungen sind klar. Die Schönheit, die wir in unserem Leben erfahren können, ist der Plan für das, was unsere Welt uns spiegelt. Im Zeitalter des

Hightech, in dem Miniaturschaltkreise und computerge-steuerte Geräte unser Dasein bestimmen, ist es leicht, die Schönheit zu übersehen, die das Leben uns bietet.

Welche Technologie könnte in dem Wissen, dass unser innerer Glaube sich als unsere äußere Welt mani-festiert, einfacher oder wirkungsvoller sein?

Fünftes Kapitel

DAS FÜNFTE GEHEIMNIS:
ERSCHAFFE DEINE EIGENEN GEBETE

An einem Tag, an dem der Wind perfekt ist,

das Segel sich nur zu öffnen braucht und

die Welt voller Schönheit ist.

Dieser Tag ist heute.

- Rumi

DAS GEBET IST DIE SPRACHE GOTTES UND DER ENGEL. VON DER WEISHEIT DER SCHRIFTROLLEN VON QUMRAN BIS HIN ZU DEM WISSEN NOCH HEUTE EXISTIERENDER EINGEBORENENKULTEN WIRD DAS GEBET ÜBERALL ALS MYSTISCHE SPRACHE BESCHRIEBEN, DIE DIE FÄHIGKEIT HAT, UNSEREN KÖRPER UND DIE WELT ZU VERÄNDERN.

Innerhalb dieser sich ähnelnden Kulturen gibt es viele verschiedene Vorstellungen, wie man die Sprache des Gebets am effektivsten „sprechen" kann. Auf ihre eigene Weise hat jede spirituelle Praktik über die vielen Zeitalter hinweg ihren einzigartigen Beitrag zur Bedeutung, Funktion und Anwendung des Gebets geleistet. Und letztlich müssen wir feststellen, dass es keine Regeln für die Sprache des Gebets gibt und dass man dabei nichts richtig oder falsch machen kann. Das Gebet existiert in uns in Form von etwas vollkommen Natürlichem und Vertrautem: unseren Gefühlen.

Durch seine Aussage, Fühlen sei Beten, brachte uns der Abt des tibetischen Klosters sein zeitloses Wissen nahe, das der westlichen Welt vor langer Zeit verloren gegangen war: „Wenn ihr uns viele Stunden am Tag chanten seht, wenn ihr seht, wie wir Glöckchen, Rasseln und Räucherwerk benutzen, seht ihr nur, was wir tun, um das Gefühl in unserem Körper hochkommen zu lassen. Fühlen ist Beten!" Und sofort nachdem er mir das erklärt hatte, fragte er: „Und wie macht ihr das in eurer Kultur?"

Es ist seltsam, wie eine einzige Frage, genau auf die richtige Weise und zum richtigen Zeitpunkt gestellt, einen Glaubenssatz herauskristallisieren kann, für den wir in der Vergangenheit keine Worte fanden. Als ich die Frage des Abtes hörte, musste ich tief in mir nachforschen, um zu erklären, wie ich glaubte, dass westliche Gebete funktionierten. In diesem Moment begann ich die Auswirkung der frühchristlichen Bibelauslegungen zu erkennen. Als die Bücher, die die Weisheit von Emotion und Gefühl beschrieben, aus unserer Tradition verschwanden, blieb uns nichts anderes übrig, als die Beziehung zwischen Fühlen und Beten so gut es uns möglich war, ohne Hilfsmittel zu verstehen. Heute, 1700 Jahre später, leben wir in einer Kultur, in der wir unsere Gefühle unberücksichtigt lassen, sie verleugnen oder einfach vollkommen ignorieren.

Das ist in unserer Gesellschaft insbesondere bei Männern der Fall, obwohl sich diese Tendenz langsam verändert. Es ist, als ob wir 1700 Jahre lang ohne Bedienungsanleitung am kosmischen Computer gearbeitet hätten. Schließlich vergaßen selbst die Priester und Gelehrten die Kraft des Fühlens beim Gebet. Das war die Zeit, als wir anfingen zu glauben, dass unsere Worte die Gebete sind.

Wenn man Menschen auf der Straße, auf einem Flughafen oder in einem Einkaufszentrum bitten würde, zu beschreiben, was Gebet für sie bedeutet, würde die Mehrheit die Worte eines gewohnten Gebets aufsagen. Wenn du Dinge sagst wie: „Jetzt lege ich mich zur Ruh", „Gott ist mächtig, Gott ist gut" und „Vater unser, der du bist im Himmel", glaubst du, du würdest ein Gebet sprechen. Könnten diese Worte eher ein Code sein? Anstatt eines Gebets könnten die Worte, die wir noch heute kennen, eine Formel sein, die jemand entwickelt hat, um das Gefühl von Beten in uns hervorzurufen. Wenn es tatsächlich so ist, sind die Auswirkungen immens.

Wir haben in jedem Moment eines jeden Tages unseres gesamten Lebens Gefühle. Obwohl wir uns dessen, was wir fühlen, nicht immer bewusst sind, tun wir es dennoch ständig. Wenn Fühlen gleich Beten ist, befinden wir uns permanent in einem Zustand des Betens. Jeder Moment ist ein Gebet, unser ganzes Leben ist ein Gebet! Wir senden dem Spiegel der Schöpfung immerzu Botschaften, welche Heilung oder Krankheit, Frieden oder Krieg, Achtung oder Missachtung unserer Beziehungen zu den Menschen, die wir lieben, signalisieren. Das „Leben" ist der Geist Gottes, der uns zurücksendet, was wir fühlen – „was" wir gebetet haben.

Wenn Gebete nicht mehr funktionieren

Mithilfe der Studien aus dem Jahre 1972, die die Auswirkungen von Meditation und Gebet dokumentieren (wie in einem vorherigen Kapitel beschrieben), wurde deutlich bewiesen, dass die Ergebnisse mehr als ein Glückstreffer oder bloßer Zufall waren. Die Experimente unterlagen genau derselben sehr strengen Prüfung, die bei wissenschaftlichen Studien in einem Labor Anwendung findet. Die Auswirkungen waren real, und sie wurden dokumentiert.

Während des Zeitraumes, den die Forscher als „Fenster" bezeichnen – das war die Zeit, in der die ausgebildeten Personen „Frieden" in ihrem Körper fühlten – spiegelte ihre Umgebung diesen Frieden wider. Die Statistiken zeigen klar, dass ein deutlicher Rückgang bei den wichtigen Indikatoren, die die Forscher beobachteten, zu verzeichnen war. Wie schon erwähnt, verminderten sich die Verkehrsunfälle, Notfälle in den Kliniken und Gewaltverbrechen.

In der Präsenz von Frieden konnte sich nur Frieden einstellen! Diese Resultate sind sehr interessant, doch der nächste Punkt, den sie zeigen, ist für die Menschen, die diese Erkenntnisse auswerteten, ein permanentes Mysterium.

Als die Experimente beendet wurden, fing die Gewalt von neuem an, in manchen Fällen war sie sogar noch höher als vor dem Beginn der Studie. Was war geschehen? Warum schienen die Auswirkungen der Meditationen und Gebete beendet zu sein? Die Antwort auf diese Frage ist vielleicht der Schlüssel zu unserer verlorenen Art des Betens. Die Auszubildenden hatten das, was sie getan hatten, beendet. Sie beendeten ihre Meditationen. Sie beendeten ihre Gebete. Und das ist die Antwort auf unser Mysterium.

Zum Großteil spiegeln diese Studien die Art wider, wie wir zu meditieren und zu beten gelernt haben. An einem typischen Tag gehen wir der üblichen Routine als Berufstätige, Studenten und Eltern nach. Zu einer bestimmten Tageszeit nehmen wir uns eine kleine spirituelle Auszeit. Wir schließen die Tür am Ende des Tages hinter uns, nachdem die Teller gespült, die Wäsche gewaschen und die Kinder ins Bett gebracht wurden. Wir zünden Kerzen an, legen inspirierende Musik auf und sprechen Dankesgebete oder gehen in eine tiefe Friedensmeditation. Wenn wir fertig sind, beenden wir diese Aktivitäten. Wir verlassen unser Refugium und kehren in die „reale" Welt zurück. Vielleicht habe ich in diesem Beispiel ein wenig übertrieben, doch allgemein existiert die Vorstellung, dass unsere Meditationen und Gebete oft etwas sind, das wir zu einem bestimmten Zeitpunkt unseres Tages tun, und wenn wir fertig sind, wieder beenden.

Wenn wir glauben, dass Beten etwas ist, das wir tun, dann ergibt es auch absolut einen Sinn, dass die Wirkung des Gebets aufhört, wenn wir es beenden. Wenn wir davon ausgehen, dass wir während des Betens die Hände vor dem Herzen falten und dabei bestimmte Worte sprechen, ist das Gebet wirklich eine kurzlebige Erfahrung. Durch die alten Schriften, die im 20. Jahrhundert wiedergefunden wurden, das Regengebet der Eingeborenen und die Geschichte des Abtes wissen wir jedoch, dass Beten mehr ist, als das, was wir tun. Beten ist das, was wir sind!

Diese Traditionen empfehlen, das Gebet als etwas zu betrachten, wozu wir uns andauernd entwickeln, anstatt als etwas, das wir manchmal tun. Es ist nicht nur unmöglich, 24 Stunden am Tag zu knien und die Worte aufzusagen, die man uns beigebracht hat, bis wir sie nicht mehr hören können, sondern auch unnötig. Fühlen ist

Beten, und wir fühlen ständig. Wir empfinden Dankbarkeit für den Frieden auf unserer Welt, weil es immer an irgendeinem Ort Frieden gibt. Wir können Anerkennung für die Heilung unserer Lieben empfinden ebenso wie für unsere eigene, denn bis zu einem gewissen Maß werden wir täglich geheilt und erneuert.

Der Grund, dass die Auswirkungen der Experimente nicht anhielten, ist der, dass die Gebete aufhörten. Der Frieden, der von der „wunderschönen wie wilden Kraft" in den Menschen, die gebetet und meditiert hatten, aufrechterhalten wurde, löste sich auf, als die Maßnahmen, die ihn am Leben hielten, beendet wurden. Es könnte genau das sein, was die Essener ihren Nachkommen durch das Wissen, das sie uns vor über 2000 Jahren hinterließen, vermitteln wollten.

Jüngste Übersetzungen alter Manuskripte in Aramäisch, der Sprache der Essener, bieten neue Einblicke, weshalb die Aufzeichnungen über das Beten uns so vage erscheinen. Durch eine neuere Übersetzung der Originalschriften wird deutlich, dass die Worte und Absichten der alten Verfasser über die vielen Jahrhunderte zu frei wiedergegeben und damit in ihrer Bedeutung stark verändert wurden. Obwohl man versucht hatte, die beabsichtigten Gedanken und Vorstellungen zusammenzufassen und zu vereinfachen, ging bei der Übersetzung vieles verloren.

In Bezug auf die Kraft des Gebets zeigt uns ein Vergleich der modernen biblischen Version der Stelle

„Bitte, und du wirst bekommen" mit dem Originaltext, wie viel tatsächlich verloren gehen kann! Die moderne und zusammengefasste Passage in der Luther-Bibel lautet folgendermaßen:

„Bisher habt ihr um nichts gebeten in meinem Namen.
Bittet, so werdet ihr nehmen,
dass eure Freude vollkommen sei."[1]

Wenn wir nun den Originaltext damit vergleichen, sehen wir, dass der Schlüssel fehlt:

„Bitte um alle Dinge klar und direkt …
in meinem Namen werden sie dir gegeben werden.
Bisher hast du das nicht getan.
Bitte ohne hintergründige Motive und
lasse dich von deiner Antwort umgeben.
Sei eingehüllt in das, was du ersehnst,
dann wird deine Freude groß sein!"[2]

Diese Worte weisen auf das Quantenprinzip hin, das bekräftigt, dass Gebet Bewusstsein bedeutet. Es ist ein Seinszustand, und nicht etwas, das wir zu einer bestimmten Tageszeit tun. Diese Passage erinnert uns mit ihrer Aufforderung, uns mit unserer Antwort zu umgeben und in das, was wir ersehnen, einzuhüllen, genau an die Worte des Abtes und meines Freundes David. Wir müssen erst in unserem Herzen erleben, wie

es sich anfühlt, wenn der Wunsch unseres Gebets erfüllt wurde, bevor er sich in unserem Leben manifestieren kann.

In der oben erwähnten Passage sagt Jesus ausdrücklich, die Menschen, zu denen er spricht, hätten dies noch nicht getan. Sie glauben vielleicht, dass sie schon gebeten haben, ihre Gebete mögen erhört werden. Doch wenn ihre Bitte aus den Worten „Bitte lass dies geschehen", bestand, antwortet ihnen Jesus, dass die Schöpfung diese Sprache nicht anerkennt. Er erinnert seine Jünger daran, dass sie in einer aussagekräftigen Sprache mit dem Universum „reden" müssen.

Wenn wir uns so fühlen, als wären wir schon von einem geheiltem Leben und geheilten Beziehungen umgeben und schon in den Frieden auf unserer Welt eingehüllt, ist dieses Gefühl sowohl die Sprache als auch das Gebet, das uns die Tür zu allen Möglichkeiten öffnet.

Erinnern wir uns an unsere Kraft

In der bekannten Erzählung *Der Zauberer von Oz* klappert Dorothy drei Mal mit ihrem Absatz und sagt die Worte: „Bring mich heim zu Tante Em!" und wird daraufhin sofort zu ihrer Familie und ihren Lieben zurückgebracht. Wir alle wissen, dass es keine Magie gibt, die uns beim Klappern mit unserem Absatz irgendwo hinbringt. Wir würden sonst viele Menschen sehen, die aus einer Schlange vor „Starbucks" oder aus Betriebsversammlungen verschwinden und wieder auftauchen. Dorothys Worte waren keine Bitte, sie waren ein Befehl. Mit wem oder mit was sprach sie?

Der Befehl galt ihr selbst! Sie wies nicht die gute Hexe Glinda oder die Munchkins in ihrer Umgebung an, den magischen Akt für sie auszuführen. Dorothys Schuhe wurden zu Objekten der Macht auf ihrer Reise. Ebenso wie der Stein eines Schamanen, der Stab Mose oder der Umhang Josephs zu einem Fokus für die Macht ihrer Besitzer wurden, geschah es auch bei Dorothys Schuhen. Das dreimalige Klappern mit ihren Absätzen war der Auslöser, der Dorothy das Gefühl gab, sie wäre bereits zu Hause – und im nächsten Moment war sie es!

In uns existiert ein fast universelles Gefühl, dass wir alte magische Kräfte in uns haben. In unserer Kindheit haben wir die Fantasie, dass wir die Fähigkeit besitzen, Dinge jenseits der Grenzen von Verstand und Logik zu tun. Warum auch nicht? Solange wir noch Kinder sind, haben sich die Regeln, die besagen, dass Wunder nicht passieren können, noch nicht so tief in uns verwurzelt, dass sie zu Limitierungen in unserem Glaubenssystem werden können.

Ist es möglich, dass unser Sinn, der uns mit einer höheren Macht verbindet, so universell ist, und dass wir uns so sehr nach dieser Verbindung sehnen, dass wir die alten Formeln dafür in unserm Inneren bewahrt, aber gleichzeitig vergessen haben, wie man sie im Leben anwendet? Könnten beispielsweise unsere Erinnerungen an Märchen und Magie Schlüssel zu unserer verlorenen Art des Betens aufbewahrt haben, ohne dass wir es bemerkt haben? Wenn Fühlen Beten ist, dann ist die Antwort auf diese Frage ein klares Ja! Betrachten wir einmal, mit dieser Möglichkeit im Hinterkopf, einige vertraute Beispiele dafür, wie der Gebetscode im Wandel der Zeiten weitergegeben wurde.

Das vielleicht bekannteste und universellste Gebet auf der Welt ist das Vaterunser. Seine Worte werden von ungefähr einem Drittel der Weltbevölkerung in Ehren gehalten, den zwei Milliarden Christen, die in den Worten dieses alten Codes Trost und Führung suchen. Das ganze Gebet wird zwar regelmäßig in Gottesdiensten gesprochen, die ersten zwei Zeilen sind allerdings als „Großes Gebet" bekannt: „Vater unser, der du bist im Himmel, geheiligt werde dein Name."

Anstatt die vertrauten Worte aufzusagen, schlage ich dir vor, ein Experiment zu versuchen. Während du die Worte des „Großen Gebets" liest oder laut aussprichst, stelle fest, welches Gefühl diese Worte in dir hervorrufen. Wie fühlst du dich, während du persönlich mit der Macht sprichst, die das gesamte Universum und das Leben in jeder deiner Zellen erschaffen hat? Was fühlst du bei der Anerkennung, dass der Name Gottes heilig ist und nur auf ehrwürdige und heilige Art genannt werden darf? Es gibt keine richtigen oder falschen Gefühle während dieses Gebets. Der springende Punkt hierbei ist, dass die Worte, die vor über 2000 Jahren aufgezeichnet wurden, dazu gedacht waren, Gefühle in den Menschen zu erwecken! Sie sprechen unseren beständigsten inneren Teil an: unser Herz. Welches Gefühl auch immer diese Worte in dir hervorrufen, dieses Gefühl ist dein Großes Gebet.

Der 23. Psalm ist ein Code, der auf dieselbe Weise funktioniert. Obwohl er normalerweise als Gebet des Trostes in Notzeiten gilt, beispielsweise, wenn ein geliebter Mensch stirbt, wurde dieser kraftvolle Code dafür geschaffen, Frieden in den Lebenden zu erwecken. Wenn wir mit der ersten Zeile beginnen: „Der Herr ist mein Hirte, mir wird nichts mangeln", bekommen wir das Gefühl, als ob wir auf dieser Welt behütet und versorgt wären. Obwohl die Übersetzungen unterschiedlich sind, bleibt das Wort „Hirte" bei allen gleich. Es ist eindeutig, dass dieses Wort absichtlich verwendet wurde, weil es eine kraftvolle Metapher ist und ein Gefühl von Schutz und Fürsorge in uns auslöst.

Einer der vielleicht kraftvollsten und tröstlichen Codes soll Gott selbst der Welt mit der Absicht des Segens und des Friedens geschenkt haben. Es ist diese alte Segnung, die 1979 entdeckt wurde, eingraviert in zwei kleine Streifen aus Silber, die wie Papierrollen aussahen. Diese Passage aus dem fünften Buch Mose 6:22-26 ist 400 Jahre älter als die Schriftrollen von Qumran, und man nimmt an, dass es die älteste Passage ist, die jemals in alten Artefakten gefunden wurde.[3]

Mit den drei Sätzen des Codes schreibt Gott Mose eine Segnung vor, die er seinem Volk mitteilen soll: „So sollt ihr sagen zu den Israeliten, wenn ihr sie segnet." Hier ist der Code, den er Mose dazu übergab:

„Der HERR segne dich und behüte dich;

der HERR lasse sein Angesicht leuchten über dir und sei dir gnädig;

der HERR hebe sein Angesicht über dich und gebe dir Frieden."[4]

Er beendet seine Anweisungen an Mose mit dem Satz: „Denn ihr sollt meinen Namen auf die Israeliten legen, dass ich sie segne." So wurde das Gebet in Worten überbracht, die diese Gefühle in den Menschen erwecken.

Die Zusammenfügung aller Teile

Es ist inzwischen sicherlich klar geworden, dass das Hauptthema dieses Kapitels sich darum dreht, dass Fühlen Beten ist! Wenn wir uns dieses Prinzip zueigen machen, lüften wir das große Geheimnis, damit jedes unserer Gebete mit Sicherheit erhört wird. Der Schlüssel hierzu ist, dass wir zu all dem werden müssen, was wir uns für unser Leben wünschen. Wenn wir uns Liebe, Mitgefühl, Verständnis und Fürsorge für unser Leben wünschen, müssen wir diese Qualitäten in uns entwickeln, damit der Geist Gottes sie uns in unseren Beziehungen widerspiegeln kann. Wenn wir Wohlstand wollen, müssen wir Dankbarkeit für die Fülle empfinden, die bereits in unserem Leben existiert.

Wie wenden wir nun das Wissen über die verborgene Kraft von Schönheit, Segen, Weisheit und Schmerz in unserem Leben an? Wie gehen wir mit diesen alten Geheimnissen um, um die schweren Zeiten im Leben zu überstehen? Wahrscheinlich lässt sich die Antwort am besten anhand von Beispielen beschreiben.

Ich habe bereits an anderer Stelle die Geschichte von Gerald erzählt, um zu zeigen, wie wir – unter Umständen und zu Zeiten, von bzw. in denen wir es am wenigsten erwartet hätten – manchmal in Situationen geraten, die uns zu unserem tiefsten Schmerz führen. Gerald hatte alles verloren, was er geliebt hatte: seine Frau, seine Kinder, sein Zuhause und seine Freunde. Sogar seine eigenen Eltern hatten ihn kurzzeitig abgelehnt, weil er sie so verletzt hatte. Er traf Entscheidungen, die er für essenziell hielt, und die Nachwirkungen dieser Entscheidungen führten ihn auf direktem Weg in eine dunkle

Nacht der Seele. Sobald sich dieser Zustand eingestellt hatte, hatte Gerald die Wahl. Er konnte sich entweder noch tiefer in die dunkle Spirale von Wut, Traurigkeit, Betrug und Mutlosigkeit hineinbewegen, die bei traumatischem Verlust typisch ist. Oder er konnte tief in seiner Seele nach der Kraft suchen, die dem Erlebten eine Bedeutung verlieh, und sich selbst befreien in dem Wissen, dass er danach ein besserer Mensch sein würde. Obwohl sehr viel Kraft erforderlich ist, um solche Zeiten im Leben zu überstehen, reicht Kraft allein nicht aus. Wir können die Erfahrung einer dunklen Nacht nicht transzendieren, indem wir unsere Kraft benutzen, um sie zu unterwerfen! Wir müssen ein Gefäß haben, in das unsere Kraft fließen kann – einen Prozess. Gerald begann seinen Prozess folgendermaßen:

- Schmerz ist der Lehrer, Weisheit die Lektion: Der Schlüssel zur Heilung jeglicher Erfahrung, mit der uns das Leben prüft, liegt darin, dass wir nur dann Schmerz erleben, wenn wir dazu bereit sind. Das bedeutet, dass wir nur dann, wenn wir bereits alle emotionalen Werkzeuge besitzen, um unseren Schmerz zu heilen, Erfahrungen anziehen können, um unser Können unter Beweis zu stellen. Dies ist das subtile und doch kraftvolle Geheimnis, mit Schmerz umzugehen.

Gerald konnte das, was er als „Schlamassel" seines Lebens bezeichnete, nur erschaffen, weil er die Bausteine der Einsicht besaß, die den Veränderungen in seinem Leben eine Bedeutung gaben. Allein das Wissen darüber gab ihm Hoffnung, eine neue Art, sein Leben zu betrachten, und die Kraft, seinen Prozess durchzustehen, anstatt aufzugeben. Der Segen war der Raum, in den seine Kraft fließen konnte.

- Segen ist das emotionale „Gleitmittel": Wenn wir den Segnungsprozess wie beschrieben anwenden, schließen wir unseren Schmerz für einen Zeitraum aus, der ausreicht, um ihn durch ein anderes Gefühl zu ersetzen. In Geralds Fall schlug ich vor, dass er alles, was mit seiner Erfahrung in Verbindung stand, segnete. „Alles?" fragte er. „Alles!" antwortete ich.

Der Schlüssel zum Erfolg des Segnens liegt darin, dass Segen alles und jeden anerkennt, von der Person, die Schmerz erfährt, bis zu dem, der den Schmerz verursacht.

Gerald begann damit, sich selbst zu segnen – schließlich war er derjenige, dem Schmerz widerfuhr. Dann segnete er die Frau, die ihn betrogen hatte. Er glaubte, dass sie die Quelle seines Schmerzes war. Er beendete seinen Segnungsprozess, indem er alle segnete, die den Schmerz miterlebt hatten. Darunter waren seine Töchter, seine Frau, seine Eltern und seine Freunde. Dadurch schloss er seinen eigenen Schmerz lang genug aus, um Raum für etwas anderes zu schaffen. Dieses „Andere" war die Fähigkeit, das größere Bild zu sehen und eine Bedeutung in den scheinbar sinnlosen Dingen zu erkennen, die sich in seinem Leben abspielten. Durch den neugewonnenen Sinn dieser Erfahrung, fand er Schönheit in diesem Prozess.

- Schönheit ist der Umwandler unseres Schmerzes: Jenseits dessen, was wir nur mit unseren Augen erkennen, wenn wir Symmetrie, Gleichgewicht und das Geben und Nehmen in einer Situation sehen, beginnen wir zu verstehen, warum sich verschiedene Ereignisse auf die eine oder andere Weise in unserem Leben abgespielt haben. Hier findet die Magie statt! Wenn unser Schmerz für uns einen Sinn ergibt, und wir Licht am Ende des Tunnels erkennen können, fangen wir an, unsere Situation anders zu empfinden. Dadurch wird unser Schmerz in Weisheit umgewandelt. Hier beginnt nun unsere Heilung.

- Fühlen ist Beten: Alte Kulturen erinnern uns daran, dass die Welt um uns nichts mehr und nichts weniger ist als der Spiegel unseres eigenen Entwicklungsstandes: unsere Gefühle in der Beziehung zu uns selbst, zu anderen und schließlich zu Gott. Wissenschaftliche Beweise bekräftigen inzwischen genau dasselbe: Was wir in unserem Körper fühlen, wird in die Außenwelt hinausgetragen.

Für Gerald und auch viele andere Menschen ist das eine neue, vollkommen andersartige Sichtweise als die, mit der wir aufgewachsen sind. Aber sie befähigt uns auch. Nur wenige Tage, nachdem er seinen Prozess begonnen hatte, konnte Gerald seinen Schmerz und seine Bitterkeit segnen und neu definieren. Seine neuen Gefühle wurden zum Gebet, das er in seine Welt hinausschickte. Fast umgehend begannen seine Beziehungen, diese Gebete widerzuspiegeln. Seine Exfrau und er begannen eine gesunde neue Freundschaft, an der sie zwar noch arbeiten mussten, die aber wichtig für sie beide und ihre Töchter war. Gerald ging auch bald eine Beziehung ein, die ihm seine neu gewonnene Einstellung zu sich selbst widerspiegelte. Er und seine Partnerin gingen auf eine Entdeckungsreise, die seine Frau als bedrohlich empfunden hätte.

So heilte Gerald seine dunkle Nacht der Seele. Zuletzt sah ich ihn in San Francisco. „Meine Güte, bin ich froh, dass das alles vorbei ist", sagte er, „ein zweites Mal möchte ich das nicht erleben."

„Es kann noch etwas nachfolgen", antwortete ich. „Nur, weil man einmal eine dunkle Nacht überstanden hat, bedeutet es nicht, dass man keine weiteren erlebt. Es bedeutet nur, dass du in der Lage sein wirst, sie kommen zu sehen, und ohne den geringsten Zweifel wissen wirst, dass dich auf der anderen Seite ein besseres Leben erwartet."

Wie wir unsere eigenen Gebete erschaffen

Die Grundlage all dessen, was hier angesprochen wurde, ist, dass es nicht die Worte sind, die ein Gebet ausmachen. Sie mögen alte, schöne und zeitlose Reliquien sein, sind aber dennoch nur Katalysatoren, die eine Kraft entfesseln. Und diese Kraft wohnt in dir! Du bist hier der entscheidende Faktor. So wie der Code in einem Computer eine Serie von Ereignissen in Bewegung setzt, lösen unsere Worte Gefühle in unserem Körper aus. Aber sowohl der Code als auch Worte erhalten erst dann Kraft, wenn man ihnen eine Bedeutung gibt. Der Code bekommt sie aus dem Betriebssystem des Computers. Unsere Worte bekommen sie von unseren Gefühlen.

Gebete sind sehr persönlich. Dieselben Worte, die ein kraftvolles Gefühl von Dankbarkeit oder Anerkennung in mir auslösen, sind bei dir möglicherweise nicht so wirkungsvoll. An dieser Stelle können Gebete Spaß machen – entwirf deine eigenen! Finde besondere Worte, die für dich – und nur für dich – eine Bedeutung haben und dir als heiliges und intimes Gebet dienen, das nur dich und Gott etwas angeht.

Ein Gebet kann einfach nur eine einzige Aussage sein, die besagt, dass das, worum es in deinem Gebet geht, bereits erfüllt ist. Ein Beispiel für diese Art Gebet ist ein schlichter Satz, den du jedes Mal, wenn du die Autotür schließt und den Zündschlüssel umdrehst, wiederholst: „Ich danke für eine sichere Fahrt und eine sichere Rückkehr." Empfinde während des Betens ein Gefühl der Dankbarkeit, so als ob deine Fahrt bereits beendet wäre.

Um deinem Gebet durch deine Sinne Kraft zu geben, solltest du ein Bild von dir vor Augen haben, wie du beispielsweise Tüten aus deinem Auto trägst, deine Vorratskammer mit den Einkäufen füllst und anschließend den Salat ins Gemüsefach legst. Der zentrale Punkt hierbei ist, dass du die Einkäufe nur ins Haus tragen kannst, wenn du vorher nach Hause gekommen bist. Auf diese Weise hast du die kraftvolle Absicht für eine sichere Fahrt gesetzt, indem du dich gefühlt hast, als sei sie schon erfolgt.

Man sagt, dass der Dalai Lama ein solches Gebet anwendete, bevor er seine gefährliche Reise antrat, die ihn von seiner Heimat über die zerklüfteten Berge, die Tibet von Indien trennen, ins Exil führte. „Ich sehe eine sichere Reise", sagte er laut Berichten, „und eine sichere Rückkehr."

Wenn du eine poetische Begabung besitzt, können deine Gebete deine Kreativität in Reimen widerspiegeln. Reime kann man sich gut merken, und sie können zum Teil deines täglichen Rituals werden. Der springende Punkt dabei ist, dass du Dank an das Gefühl richtest, das sie hervorrufen. Ich habe einen Freund, der diese Art von Gebet jeden Tag anwendet, bevor er zur Arbeit fährt. Zwischen seiner Wohnung und seinem Arbeitsplatz liegt eine Bergkette. Wild lebende Tiere, die sowohl in der

Morgen- als auch in der Abenddämmerung über die Straße laufen, werden manchmal von Autofahrern getötet. Jedes Mal, bevor er sich auf den Weg macht, spricht er diese Worte: „Alle Tiere, groß und klein, sollen heute sicher sein!"

Obwohl es sehr einfach klingt, glaube ich, dass die Welt so funktioniert: Die Schöpfung reagiert auf das, wozu wir uns entwickeln, und auf das, was wir fühlen. Vielleicht ist es kein Zufall, dass mein Freund aufgrund seines schlichten Tiergebets, das er nun schon seit Jahren anwendet, noch nie einen Unfall mit einem der vielen Tiere hatte, die in der Gegend leben, in der er täglich unterwegs ist. Er sieht sie oft vorher am Straßenrand, oder sie huschen kurz vor oder nach ihm über die Straße. Sein Gebet ist bislang jeden Tag erhört worden.

Ich habe auch eine Freundin, die etwas Ähnliches tut, bevor sie auf Geschäftsreise geht. Gleichgültig, ob sie das Flugzeug, ein Taxi, oder ihr Auto wählt, beginnt sie jede Reise damit, dass sie jede lebende Intelligenz anerkennt, die in den Dingen existiert, die wir als unbelebt bezeichnen. Während beispielsweise das Flugzeug abhebt, sagt sie: „Diese Maschine wurde aus dem Staub der Erde erschaffen, um uns vom Anfang bis zum Ende ihres Daseins zu dienen."

Um es noch einmal zu betonen, es mag einfach klingen, für manche Menschen sogar dumm, aber diese Worte erzeugen in ihr das Gefühl, dass sie mit dem Material, aus dem das Flugzeug besteht, verbunden ist.

In dieser heiligen Gemeinschaft fühlt sie die Befähigung, mit der Maschine verbunden zu sein, die für ihre Sicherheit verantwortlich ist, anstatt nur auf eine sichere Reise zu hoffen.

Dies sind nur einige Beispiele. Ich lade dich ein, in dem Wissen, wie unsere Gebete funktionieren, nun deine eignen zu erschaffen. Mach dir einen Spaß daraus und reime Gebete. Lass deine Freunde daran teilhaben. Wundere dich nicht, wenn es dir völlig natürlich erscheint, deine Gebete mit einem Reim zu verankern. Als Kinder wussten wir, wie das geht, und unsere Kinder erinnern uns heute daran, wie man es macht. Anstatt es als etwas Dummes abzutun, könnten wir einfach entdecken, dass wir in so schlichten und fröhlichen Momenten des Lebens eine alte innere Technik anwenden, um auf die stärkste Kraft des Universums zuzugreifen! Und du dachtest, es sei nur ein einfaches Gedicht.

Anmerkungen

Einleitung

1. Rumi, *Love Poems from God, Twelve Sacred Voices from the East and West,* Daniel Ladinsky (Penguin Compass 2002), Seite 65.

2. Diese Zeilen wurden einem Interview mit Bruce Hucko entnommen. Shonto Begay, „Shonto Begay", *Indian Artist*, vol. 3, no. 1 (Winter 1997), Seite 52.

3. 325 n. Chr. berief Kaiser Konstantin des Heiligen Römischen Reiches ein Konzil der frühchristlichen Kirche ein und befragte den Rat, welche Bücher in den Biblischen Kanon aufgenommen werden sollten. Das Konzil empfahl, 25 Bücher zu entfernen und weitere 20 zu bearbeiten und zusammenzufassen. Archäologische Funde des 20. Jahrhunderts, zum Beispiel die Schriftrollen von Qumran und die Nag-Hammadi-Bibliothek, geben uns einen Einblick in den Inhalt einer Reihe „verlorener" biblischer Bücher, wovon einige seit der Bearbeitung verschwunden sind. Daneben verfügen wir aber über mindestens 19 Bücher der ursprünglichen Ausgabe, die nicht in die endgültige Bibelversion aufgenommen wurden, aber dennoch in veränderter Form jederzeit verfügbar gewesen sind.

3. Edmond Bordeaux Szekely, *Das Friedens Evangelium der Essener*, Verlag Neue Erde.

Erstes Kapitel

1. Max Planck, Nobelpreisträger für Physik, schockierte während seiner berühmten Rede 1917 in Florenz die Welt mit dem Verweis auf die Kraft der unsichtbaren Naturgewalten. Mit seinen Erkenntnissen war er seiner Zeit eindeutig voraus, denn es dauerte noch nahezu weitere 80 Jahre, bevor die Quantenphysik die Existenz eines einheitlichen Feldes unter Laborbedingungen beweisen konnte. John Davidson, *Das Geheimnis des Vakuums*, Omega-Verlag, Aachen, 2000.

2. James M. Robinson, ed., *The Nag Hammadi Library*, „The Gospel of Thomas", Claremont, California (HarperSanFrancisco, 1990), Seite 137.

3. Umgangssprachliche Gebete sind ungezwungene Gebete in der Alltagssprache. Ein Beispiel dafür ist: „Lieber Gott, wenn ich noch bis zur Tankstelle komme bevor mein Tank leer ist, verspreche ich dir, niemals mehr meinen Tank so leer zu fahren!" Bittende Gebete sind Aufforderungen an Gott wie etwa: „Allmächtiger Gott, ich beanspruche jetzt eine perfekte Gesundheit in allen Manifestationen der Vergangenheit, Gegenwart und Zukunft." Rituelle Gebete sind möglicherweise vertrauter. Dafür werden charakteristische Wörter angeboten, die zu einer bestimmten Zeit des Tages oder Jahres gesprochen werden. Zwei Beispiele dafür: „Nun lege ich mich zum Schlafen nieder ..." und „Gott ist groß, Gott ist gut ..."

Manche Menschen machen einen Unterschied zwischen Meditation und Gebet, sie betrachten das Gebet als „sprechen" zu Gott und die Meditation als „lauschen" auf Gott. Während der Meditation ist uns seltsamerweise eine heilige Präsenz bewusst, die unsere Welt und unser Wesen durchdringt, und wir wenden die Technik unterschiedlichster Lehren an, um zu erfahren, was diese Präsenz für uns in unserem Leben bedeutet und wie wir sie nutzen können.

4. 1887 führte Michelson und Morley das berüchtigte Experiment aus, welches ein für alle Mal bestimmen sollte, ob es eine mysteriöse Substanz gibt, die tatsächlich die gesamte Schöpfung und Lebensereignisse verbindet. Obwohl das Experiment bahnbrechend war, gaben die Ergebnisse Anlass zu Interpretation und kontroversen Auseinandersetzungen. Ein analoges Experiment dazu wäre, wenn wir einen Finger über den Kopf halten würden, um einen Windtest durchzuführen. Wenn wir dann folgern, dass es keine Luft gibt, weil es keinen Wind gab, bekommen wir eine recht gute Vorstellung davon, wie das Michelson-Morley-Experiment ausgelegt wurde. Nach diesem Experiment folgerten Physiker, dass das Äther nicht existiert und dass etwas, was sich an einem Ort ereignet, keinerlei Auswirkungen auf etwas anderes in einem anderen Teil der Welt hat. Aber heute wissen wir, dass dies einfach nicht stimmt. Michael Fowler, „The Michelson-Morley Experiment", U. Va. Physics Department (1996). Website: **http://galileo.phys.Virginia.edu/classes/109N/lectures/ Michelson.html**

5. Diese kraftvolle Aussage erinnert uns daran, dass die Dinge, die wir in unsere Welt ziehen, ihren Ursprung in einer

anderen, unsichtbaren Schöpfungsdimension haben. Was wir als Beziehung, Gesundheit, Krankheit, Frieden und Krieg sehen, sind lediglich Schatten der Ereignisse in höheren Sphären, die wir „Dimension" nennen und die die Alten „Himmel" nannten. Szekely, *Die unbekannten Schriften der Essener*, Seite 41, Verlag Neue Erde.

6. David W. Orme-Johnson, Charles N. Alexander, John L. Davies, Howard M. Chandler und Wallace E. Larimore, „International Peace Project in the Middle East", *The Journal of Conflict Resolution, vol. 32, no. 4* (Dezember 1988), Seite 778.

Zweites Kapitel

1. Rowan Williams, "As Eye See It: So Where Was God at Breslan?" *Virtue Online: the Voice for Global Orthodox Anglicanism* (Freitag, 08. September 2004). Website: **www.virtueonline.org/portal/modules/news/article.php?storyid=1283**

2. James M. Robinson, ed., *The Nag Hammadi Library*, übersetzt und eingeführt von den Mitgliedern des Coptic Gnostic Library Projects am Institute for Antiquity and Christianity, Claremont, Kalifornien (San Francisco, CA: HarperSanFrancisco, 1990), Seite 134.

3. "Aging Changes in Organs, Tissues, and Cells", HealthCentral, Website: **www.healthcentral.com/mhc/top/004012.cfm.**

4. "Chill Out: It Does the Heart Good", Pressemitteilung der Duke University, in der eine technische Studie über das Verhältnis zwischen emotionaler Reaktion und der Gesundheit des Herzens zitiert wird, die ursprünglich publiziert wurde im *Journal of Consulting and Clinical Psychology*. **Http://Dukemednews.org/news/article.php?id=353**

5. Brigid McConville, „Learning to Forgive", Hoffman Quadrinity (2000). Website: **www.quadrinity.com**

Drittes Kapitel

1. Williams, "As Eye See It".

2. Rumi, *The Illuminated Rumi*, Coleman Barks (New York, Broadway Books, 1997), Seite 98.

3. McConville, "Learning to Forgive".

4. James M. Robinson, ed., *The Nag Hammadi Library*

5. Thomas Evangelium, Genius Verlag.

6. Luther-Bibel, revidierte Standardversion, Lukas 6:28.

7. Ebenda, Römer 12:14.

Viertes Kapitel

1. R. H. Charles, trans., *The Book of Enoch the Prophet* (Boston, MA: Weiser, 2003), Seite 5.

2. Begay, „Shonto Begay", *Indian Artist*, vol. 3, no. 1 (Winter 1997) Seite 52.

3. Der Wind spaltete tatsächlich an jenem Nachmittag das Feuer, sodass es in zwei Richtungen brannte. Die Feuerwehr bezwang beide Brände binnen einiger Tage. Obwohl der Boden verkohlt war und das Wasser durch die Asche für gewisse Zeit zum Trinken ungeeignet war, waren die Schäden in Taos Pueblo selbst nur gering.

Fünftes Kapitel

1. Luther-Bibel, revidierte Standardversion, Johannes 16:24.

2. Neil Douglas-Klotz, *Das Vaterunser: Meditationen und Körperübungen zum kosmischen Jesusgebet*, Verlag: Droemer/Knaur, 2007.

3. John Noble Wilford, „Solving a Riddle Written in Silver", *New York Times* (Dienstag, 28. September 2004), Abschnitt F, Seite 1.

4. Luther-Bibel, revidierte Standardversion, 4. Mose 6:24-26.

Über den Autor

Melissa Sherman

Gregg Braden, Bestsellerautor der New York Times, ist ein gern gesehener Gast und Mitwirkender bei internationalen Konferenzen und Medien-Specials, bei denen es um die Spiritualität in der Welt der Technik geht. Als ehemaliger leitender Computersystementwickler (Martin Marietta Aerospace), Computer-Geologe (Phillips Petroleum) und Operations Manager (Cisco Systems) gilt Braden heute als führende Persönlichkeit, wenn es um die Übertragung von Weisheiten der Vergangenheit auf Wissenschaft, Medizin und Frieden in der Zukunft geht.

Seine Reisen in die abgelegenen Bergdörfer, Klöster und Tempel der Vergangenheit, gepaart mit seinem Hintergrundwissen aus der kühlen und vom Ratio dominierten Wissenschaft, qualifizieren ihn auf einzigartige Weise, den Nutzen längst verlorener Traditionen für unser heutiges Leben deutlich zu machen.

Mit seiner Arbeit – von seinen wegweisenden Büchern *Awakening to Zero Point* und *Walking Between the Worlds* bis hin zu seinem bahnbrechenden Werk *Der Jesaja Effekt* – vermittelt uns Braden bedeutungsvolle Lösungen für die spezifischen Probleme unserer Zeit. In *The God Code* wagte er sich über die traditionellen Grenzen von Wissenschaft und Spiritualität hinaus und enthüllte die Worte einer historischen Sprache – und einer zeitlosen Nachricht von Hoffnung und Möglichkeiten –, die als die Zellen allen Lebens verschlüsselt sind.

Website: www.greggbraden.net

Weitere Informationen erhältst du über Gregg Bradens Büro:

Wisdom Traditions
P.O. Box 5182
Santa Fe, New Mexico 87502
(505) 424-6892
ssawbraden@aol.com

EchnAton Reisen
und Seminare

Unter **EchnAton Reisen und Seminare** bieten
wir Ihnen die Möglichkeit unsere Autoren und
deren Botschaften hautnah zu erleben.

Informationen zu geplanten Veranstaltungen und
Reisen finden Sie auf unserer Website:

www.echnaton-reisen-seminare.de